Pépin le Bref
715-768

Charlemagne
742-814

Louis I[er] le Pieux
778-840

Charles III le Simple
879-929

Louis VIII
1187-1226

Blanche de Castille
1188-1252

Saint Louis (Louis IX)
1214-1270

Philippe III le Hardi
1245-1285

Philippe VI de Valois
1293-1350

Jean II le Bon
1319-1364

Charles V le Sage
1338-1380

Charles VIII l'Affable
1470-1498

Louis XII
1462-1515

François Ier
1494-1547

Henri II
1519-1559

Jérôme Maufras
professsseur certifié d'histoire

Ma première Histoire de France

Préfacé par
Emmanuel Le Roy Ladurie
de l'Institut

Illustrations
Jean-Noël Rochut, Neil Wilson, Emmanuelle Étienne

La Librairie des Écoles

SOMMAIRE

Les Celtes, les Gaulois et les Romains
Les Gaulois, un peuple celte — 8
La Gaule romaine — 10
Les premiers chrétiens — 12
La bataille d'Alésia — 14

Les Mérovingiens
Les invasions barbares — 16
Clovis, premier roi chrétien — 18
La dynastie mérovingienne — 20
Le vase de Soissons — 22

Les Carolingiens
Charlemagne empereur — 24
Un empire divisé — 26
De nouvelles invasions — 28
La légende de Roland — 30

Les Capétiens directs
Les premiers Capétiens — 32
Philippe Auguste et la bataille de Bouvines — 34
De Saint Louis à Philippe le Bel — 36
Les croisades — 38
Les cathédrales — 40

La guerre de Cent Ans
Les défaites françaises — 42
Charles le Sage et Charles le Fol — 44
Jeanne d'Arc au secours de Charles VII — 46
Du Guesclin — 48

La Renaissance
Louis XI et les temps nouveaux — 50
Les guerres d'Italie — 52
La France au temps de François Ier — 54
Jacques Cartier — 56

Les guerres de religion
La Saint-Barthélemy — 58
Henri IV et Sully — 60
Louis XIII et Richelieu — 62
Sully — 64

Le grand siècle de Louis XIV
Louis XIV, le « Roi-Soleil » — 66
Le Grand Siècle — 68
La France sous Louis XV — 70
Colbert — 72

La Révolution française

Le siècle des Lumières	74
La fin de la monarchie	76
La république et la Terreur	78
L'invention du mètre	80

Napoléon et l'Empire

Napoléon, Premier consul	82
Napoléon, empereur des Français	84
Les guerres napoléoniennes	86
L'enfance de Napoléon	88

Le siècle des révolutions

De la Restauration au Second Empire	90
La révolution industrielle	92
La guerre contre la Prusse	94
Le canal de Suez	96

La France républicaine

Le choix de la république	98
La France sous la IIIe République	100
Le temps des colonies	102
Pasteur	104

La Première Guerre mondiale et l'entre-deux-guerres

La guerre des tranchées	106
La victoire des Alliés	108
Une paix difficile	110
Mermoz	112

La Seconde Guerre mondiale

La défaite de la France	114
Collaboration et Résistance	116
La Libération	118
L'évasion de Giraud	120

La France depuis 1945

La paix mondiale	122
La construction de l'Europe	124
Vers le XXIe siècle	126
Jean-Loup Chrétien dans l'espace	128

Les dynasties françaises | 130

Les Mérovingiens	131
Les Carolingiens	132
Les Capétiens directs	133
Les Valois	134
Les Bourbons	135

Préface
par Emmanuel Le Roy Ladurie
de l'Institut

Le livre qu'on va lire parle de la France, de son histoire et de ses rois. Un roi de France – et de nos jours un président de la République – peut jouer de diverses fonctions, éventuellement simultanées. Ce peut être, du moins jusqu'en 1830, un roi sacré ou même sacralisé, propagateur d'un christianisme de bon aloi, certes très discuté de nos jours dans une France qui, à maintes reprises, s'est voulue laïque. On pense à saint Louis qui fut, à ce point de vue, un succès sur toute la ligne. Dans un genre pas tout à fait similaire, Louis XIV, qui avait heureusement d'autres mérites, s'est essayé, lui aussi, à cette prouesse ultra catholique avec la révocation de l'*Édit de Nantes*. Ce fut une grave erreur, une faute considérable et un échec.

Peut-on, de nos jours, parler de sacralité présidentielle ? On sait bien que le chef de l'État se situe, par sa position même, au-dessus de l'ordinaire humanité, même dans une nation souvent agnostique comme la nôtre. C'était le cas à coup sûr avec le général de Gaulle, chef de l'État dans les années 1960.

Nos souverains français furent beaucoup plus à l'aise dans un rôle qu'a fort bien décrit l'historien Joël Cornette, celui du « roi de guerre », rôle pourtant fort discutable aujourd'hui, au gré de nos mentalités en général hyper-pacifistes. Nos hommes d'État français ou européens refusent autant que possible de se livrer à de tels jeux guerriers, alors qu'aux États-Unis peut émerger de temps à autre, et même au XXIe siècle, un « président de guerre », peu concevable, en revanche, sur les bords de la Seine. Parmi les monarques français qui se livrèrent à ces jeux bellicistes, on peut citer Charles VII rétablissant les armes à la main l'unité du royaume ; Louis XI réunissant la Bourgogne ; les Valois du XVIe siècle se livrant à d'assez stupides guerres en Italie. Les souverains suivants, depuis Henri II jusqu'à Louis XV et même Napoléon III, construisirent l'Hexagone à tour de rôle et souvent à grands coups d'épée. Parfois, le roi de guerre, un empereur en l'occurence, peut être atteint de mégalomanie, malgré bien des qualités incontestables. C'est le cas de Napoléon Ier, dont les conquêtes furent tellement immenses qu'elles s'avérèrent indigestibles au titre d'un Hexagone qui n'en pouvait mais. Elles menèrent ce personnage presque incroyable à sa catastrophe finale, hors du commun.

Le roi devait être être aussi, en principe, un « bon père de famille » soucieux du bien-être de ses sujets. C'est ce à quoi s'employèrent, à partir du ministère de Colbert, les monarques, puis les présidents désireux de veiller au niveau de vie des citoyens, soucieux aussi de promouvoir l'économie et les richesses de la nation. Ce rôle est aujourd'hui un peu délaissé, dans la mesure où l'on prêche le libéralisme ; les Français étant priés de se débrouiller par eux-mêmes sans recourir aux bienfaits de l'État en vue d'assurer leur subsistance et pour accéder, le cas échéant, à un agréable niveau de consommation personnel et familial.

Je mentionnerai enfin une dernière vertu du monarque et de l'État souverain dans la mesure où ils incarnèrent tous deux, du moins en théorie, la nation et le peuple français. La Belgique doit son existence à Louis Philippe, à tout ce que cet homme représentait de par son auguste fonction. L'Italie est infiniment redevable à Napoléon III et aux soldats français qui se firent tuer pour elle à la sanglante bataille de Solferino. Les États-Unis, enfin, n'auraient peut-être pas existé sans l'initiative militaire et maritime de Louis XVI et de ses ministres. Belgique, Italie, États-Unis, ce sont là de grands noms, chacun selon sa destinée spécifique. Ils font honneur à l'une des vertus essentielles des rois de guerre, fussent-ils aussi bons pères de famille et postés « sacrément » au-dessus des autres mortels. Cette vertu se doit d'allier la force des armes à l'amour du bien public. Elle est la Générosité. Elle animera aussi les hommes politiques européens en 1957 et au-delà, quand ils proposeront aux états de notre petit cap de l'Eurasie la création d'une Europe communautaire.

Telles sont, parmi bien d'autres visées, les préoccupations dont s'est inspiré Jérôme Maufras dans le manuel qu'il met aujourd'hui à la disposition des enfants des écoles primaires. Ce livre ressuscite en outre, avec raison, les vertus roboratives d'une stricte chronologie.

Avant Propos

Tout le monde aime les histoires. Mais l'Histoire avec un grand H, c'est quelque chose de plus passionnant encore : c'est une suite d'histoires vraies qui sont arrivées à vos parents, aux parents de vos parents et à leurs ancêtres. Tous menaient alors une vie bien différente de la nôtre, une vie que nous avons parfois du mal à imaginer et dont nous aurions perdu jusqu'au souvenir si l'Histoire ne se transmettait de génération en génération. Depuis plus de deux mille ans, nos ancêtres se racontent ces histoires, les écrivent, les conservent précieusement. Depuis des siècles, les historiens déchiffrent des textes anciens, les comparent, en vérifient les récits. Depuis des dizaines d'années, les archéologues fouillent la terre avec minutie à la recherche de ruines qui disent ce que fut la vie au temps jadis. Depuis toujours, les enfants apprennent ces histoires, les répètent et les récitent. Aujourd'hui, c'est à votre tour de les connaître. Quand vous serez adulte, vous les saurez encore et vous les raconterez à vos enfants. Ainsi vivent les grands peuples, en conservant leur Histoire vivante. Si notre Histoire s'altérait, se perdait, s'oubliait, les hommes continueraient à vivre mais leur âme et leur cœur serait vides. Car il n'existe pas de grand peuple sans Histoire. Mais il n'existe pas plus d'Histoire sans grand peuple pour la vivre.

Depuis plus de 2 000 ans, nos ancêtres ont vécu et fait l'Histoire. 2 000 ans au cours desquels ils se sont battus, ont triomphé, ont souffert, ont cru, ont rêvé, ont plié, ont conquis. 2 000 ans au cours desquels notre pays a produit des saints, des chefs, des héros et des rois. 2 000 ans où de l'esprit d'une civilisation seront nés des scientifiques, des penseurs, des artistes, des explorateurs parmi les plus illustres et les plus hardis que la Terre ait porté. En fait, il aura fallu 2 000 ans pour écrire le livre que vous tenez entre vos mains.

En découvrant l'Histoire de France, vous vous instruirez de l'exemple de nos ancêtres. Vous vous instruirez de leur ingéniosité, de leur courage et surtout de leur patience. De Vercingétorix, qui résista à César, nous avons gardé le goût du combat ; des Romains qui nous conquirent et des Grecs qui nous instruisirent, nous avons appris le goût des belles choses, de l'harmonie et de l'ordre, de Charlemagne l'organisation, de Saint Louis la piété, de la bataille de Bouvines le panache, de Jeanne d'Arc la foi en la France, de François Ier l'amour de la culture et des arts, d'Henri IV la tolérance, de Colbert la prévoyance et l'ardeur au travail, de Louis XIV la grandeur, de Cartier, Dupleix et Marchand, la soif d'explorer, du peuple révolutionnaire la justice, de Napoléon l'ambition, de la république le progrès et la prospérité, des Résistants le sacrifice, de De Gaulle l'indépendance, de Monnet la paix européenne, de Mermoz et Jean-Loup Chrétien l'appétit des aventures lointaines.

Partout où on invente, partout où on crée, partout où imagine, partout où plus rien ne semble impossible, là sont les Français. Certes, à cette ingéniosité et à cette audace répondent parfois des aspects plus sombres, des souffrances, des trahisons, des lâchetés. De cela aussi il sera question dans ce livre. Car la grandeur n'existe pas sans bassesse. L'Histoire d'un peuple est un tout. C'est un bloc fait de grandes victoires et de défaites honteuses, de règnes lumineux et de périodes obscures. Mais chaque fois la France s'est relevée, a rassemblé ses forces et a su reprendre le cours de son destin extraordinaire. C'est cette aventure que vous raconte *Ma première Histoire de France*.

Jérôme Maufras

Les Celtes, les Gaulois et les Romains

Les Gaulois, un peuple celte

⊙ Les Gaulois, des paysans et des artisans

Il y a deux mille ans, la France était habitée par les Gaulois, un peuple celte. Comme la plupart des Celtes, les Gaulois étaient des paysans et vivaient dans de petites maisons rondes et couvertes de paille. C'était aussi un peuple d'artisans : leurs tonneaux, leurs vases, leurs bijoux et leurs étoffes étaient réputés.

⊙ La Gaule, le pays des Gaulois

La Gaule est l'ancien nom de la France. Les villes y étaient rares et les forêts couvraient une grande partie du pays. C'était un vaste territoire qui allait jusqu'à la Belgique actuelle. Pourtant, les Gaulois ne formaient pas un peuple uni : ils étaient divisés en de nombreuses tribus avec des coutumes différentes et se faisaient souvent la guerre au lieu de s'unir et de se défendre.

⊙ Un peuple souvent en guerre

Comme tous les Celtes, les Gaulois aimaient la guerre. Ils avaient appris à fondre le fer et se fabriquaient des armes solides : des casques, des boucliers, de fines armures et de longues épées. Ils avaient aussi beaucoup d'ennemis : à l'est, les Germains ; au sud, les Romains installés dans la Provence actuelle.

Un village gaulois

La Gaule romaine

⊙ Jules César conquiert la Gaule

La République romaine dominait les pays de la Méditerranée. Cependant, un territoire lui résistait : la Gaule. Jules César était un jeune général romain qui avait soif de pouvoir. Pour être aimé des Romains, il se mit en tête de la conquérir. En 57 avant Jésus-Christ, César attaqua les Gaulois. Avec ses troupes bien organisées, il remporta beaucoup de victoires.

⊙ Vercingétorix résiste

Un jeune chef gaulois résista à César. Il s'appelait Vercingétorix et venait du peuple arverne, l'Auvergne actuelle. Il unit les Gaulois et remporta une grande victoire à Gergovie. Mais il fut ensuite battu à Alésia en 52 avant Jésus-Christ. César le fit prisonnier et finit de conquérir la Gaule.

Jules César à la tête de son armée

Les Celtes, les Gaulois et les Romains

Maisons à étages, rues pavées, les Gaulois des villes se mettent peu à peu à vivre comme les Romains.

◉ Le temps de la Gaule romaine

Peu à peu les Gaulois se mirent à vivre comme les Romains, si bien qu'on les appela les « Gallo-Romains ». Comme les Romains, ils construisirent des temples, des arènes, des théâtres et des aqueducs pour amener l'eau jusqu'aux villes. Ils se mirent même à porter des noms romains et à parler leur langue, le latin.

En mélangeant le gaulois et le latin, ils ont inventé le français.

La construction d'une voie romaine

11

Les premiers chrétiens

◉ Jésus-Christ, le Messie

En 63 avant Jésus-Christ, les Romains conquirent le territoire des Hébreux. Contrairement aux Romains, les Hébreux ne croyaient qu'en un seul Dieu. Ils croyaient aussi que seul un Messie, un envoyé de Dieu, pourrait les libérer. Quand Jésus-Christ est né à Bethléem, certains Hébreux pensèrent qu'il était le fils de Dieu et le Messie. Jésus leur enseigna une nouvelle religion : le christianisme. Comme ils étaient païens, les Romains tuèrent Jésus en le clouant sur une croix.

◉ Les premiers chrétiens

Les premiers chrétiens devaient se cacher pour prier car les Romains n'acceptaient pas cette nouvelle croyance. Certains étaient condamnés à mort et dévorés par des lions dans les arènes. On a appelé ces victimes des Romains les « martyrs », c'est-à-dire les témoins.

◉ La victoire du christianisme

Malgré les interdictions, les chrétiens étaient de plus en plus nombreux dans l'Empire romain. En 313, l'empereur romain Constantin les autorisa à prier librement. En 337, juste avant de mourir, il demanda même à se faire baptiser, c'est-à-dire à devenir chrétien. Bientôt, les peuples de l'Empire romain devinrent chrétiens. Les Gallo-Romains aussi.

Les Celtes, les Gaulois et les Romains

Des martyrs chrétiens dans l'arène

Récit

La bataille d'Alésia

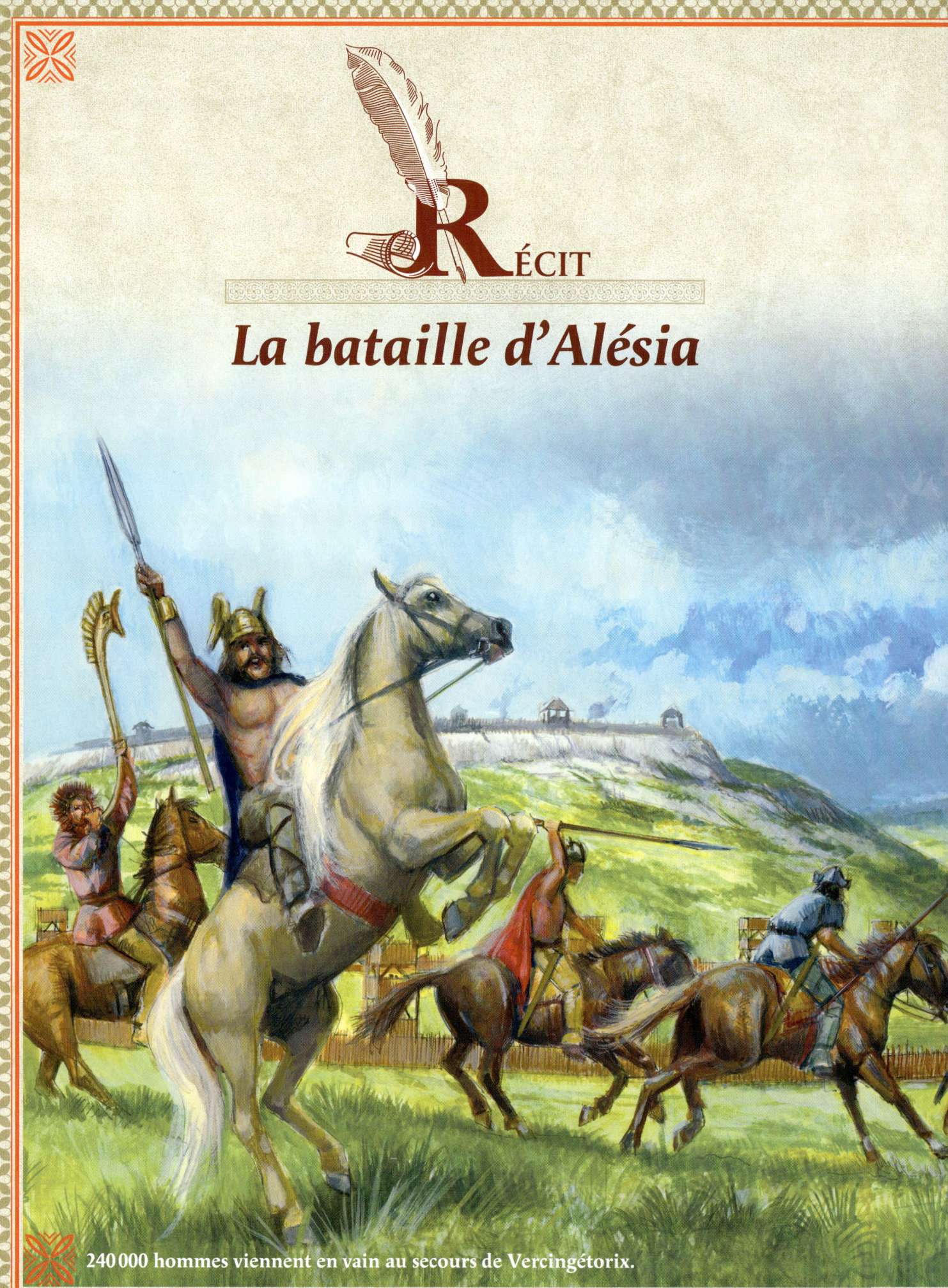

240 000 hommes viennent en vain au secours de Vercingétorix.

Poursuivi par les soldats de César, Vercingétorix se réfugie à Alésia, un fort protégé au sommet d'une colline. Il envoie ensuite des cavaliers chercher des renforts.

> César a fait construire une double palissade : la première empêche les assiégés de sortir, la deuxième empêche les renforts d'entrer.

Rapidement, les soldats de César font le siège d'Alésia, c'est-à-dire qu'ils s'installent autour de la colline pour empêcher les Gaulois de sortir. César fait même creuser des tranchées tout autour et installer une double palissade. Vercingétorix et ses hommes sont pris au piège. Encerclée, la population d'Alésia n'a plus rien à manger.

Un jour, les guerriers de Vercingétorix aperçoivent à l'horizon des soldats gaulois. Ils sont venus les libérer. Mais César a fait creuser une tranchée pleine de troncs d'arbres pointus. Les Gaulois essaient de la franchir mais ils ne réussissent pas. La bataille est un désastre.

Pour éviter que trop de Gaulois ne meurent, Vercingétorix se sacrifie. Il se rend à César. Le général romain le ramène à Rome pour montrer qu'il a vaincu les Gaulois et le fait tuer dans sa prison. César a conquis la Gaule.

Les Mérovingiens

Les invasions barbares

⊙ Les Germains envahissent la Gaule

À l'est de la Gaule s'étendait un pays de forêts et de marais, la Germanie. Ses habitants, les Germains, attaquaient souvent la Gaule pour venir piller ses richesses. Les soldats romains défendaient tant bien que mal la frontière entre les deux pays, mais, au Vᵉ siècle, ils ne purent empêcher les Germains de s'installer en Gaule.

⊙ Attila, un chef sanguinaire

Une nouvelle menace arriva alors : venus d'Asie, les Huns pillèrent la Germanie. C'était un peuple nomade, brutal et cruel. Attila, leur chef, disait que *« là où il passait, l'herbe ne repoussait pas »*. Apeurés, de nombreux Germains s'enfuirent en Gaule. Les Huns essayèrent alors de l'envahir, mais les Gaulois et les Germains s'entraidèrent pour repousser ce terrible ennemi.

⊙ Les Germains se mélangent aux Gallo-Romains

Une partie des Germains, les Wisigoths, s'installèrent dans le sud-ouest ; les Alamans, en Alsace et en Suisse ; les Burgondes, en Bourgogne ; les Francs, au nord.

Les Gallo-Romains et leur chef Syagrius se réfugièrent entre la Somme et la Loire. On appelait les Germains les « barbares » car ils étaient moins civilisés, ne savaient pas écrire, vivaient à la campagne et aimaient la guerre. Peu à peu, pourtant, ils se mélangèrent aux Gallo-Romains.

Les Huns, envahisseurs sanguinaires

Clovis, premier roi chrétien

⦿ Clovis conquiert son royaume

Clovis est devenu à 15 ans le roi des Francs, un peuple qui vivait sur un territoire dans le nord de la Gaule. Très jeune, il montra qu'il était un grand chef militaire.

Le baptême de Clovis

Les Mérovingiens

Il vainquit d'abord Syagrius à la bataille de Soissons en 486. Il repoussa ensuite les Alamans à Tolbiac. Il obligea les Burgondes à lui payer un impôt. Puis il franchit la Loire et força les Wisigoths à fuir en Espagne. Ainsi tous les peuples de Gaule furent vaincus par Clovis.

Le roi Clovis (481-511)

⊙ Le baptême de Clovis

Clovis prit pour reine une Burgonde, du nom de Clotilde. Elle était chrétienne et voulut que Clovis devienne chrétien aussi. Comme le peuple obéissait aux évêques, Clovis se dit qu'il deviendrait plus puissant et plus respecté s'il acceptait. C'est pourquoi il décida de se faire baptiser avec ses 3 000 guerriers à Reims en 496.

⊙ La naissance d'une dynastie

Chez les Francs, on devenait roi de père en fils. Mérovée, le grand-père de Clovis avait ainsi été le premier roi franc. Childéric, son fils, lui avait succédé, puis Clovis et ainsi de suite. On appela donc tous les rois de cette famille les Mérovingiens d'après le nom de Mérovée. Ils régnèrent sur le royaume des Francs pendant presque trois siècles et formèrent la première dynastie royale de notre Histoire, c'est-à-dire une famille qui se transmet un royaume.

La dynastie mérovingienne

◉ Des royaumes divisés

À leur mort, les rois francs avaient l'habitude de partager leur royaume. Chaque garçon devenait donc roi d'un royaume plus petit et plus faible. Ainsi, quand Clovis mourut, son royaume fut divisé entre ses fils. Le royaume des Francs fut rapidement remplacé par quatre royaumes, l'Austrasie, la Neustrie, la Bourgogne et l'Aquitaine. Ces régions se faisaient souvent la guerre. Les lois écrites apportées par les Romains furent oubliées. La population n'était plus en sécurité.

◉ La vie des rois francs

Les rois mérovingiens étaient des guerriers et des chasseurs souvent cruels. Ils portaient une longue chevelure, qui était le signe de leur pouvoir.

Les rois mérovingiens partaient souvent guerroyer à cheval.

LES MÉROVINGIENS

Ils s'enrichissaient par le pillage et la guerre. Pendant l'hiver, ils restaient dans leur domaine mais dès le printemps ils partaient à nouveau se battre. La plupart d'entre eux furent assassinés par d'autres rois francs qui voulaient s'emparer de leur territoire.

Le roi Dagobert (623-639)

◉ Le roi Dagobert, dernier grand roi mérovingien

Au VIIe siècle, un roi parvint à unir à nouveau la Gaule. Il s'appelait Dagobert. Vous connaissez peut-être la chanson Le bon roi Dagobert qui se moque gentiment de lui. En réalité, c'était un bon roi et son conseiller, l'évêque saint Éloi, était très intelligent. Il restaura la paix et frappa une monnaie unique pour tout le royaume. À la mort de Dagobert, les rois mérovingiens s'affaiblirent tant qu'on finit par les appeler les rois fainéants.

Les Mérovingiens croyaient en la magie : quand ils devaient juger un crime, ils forçaient l'accusé à plonger sa main dans l'eau bouillante ou à prendre dans son poing un fer rougi par la feu. Si ses blessures étaient graves, on déclarait l'accusé coupable ! C'est ce qu'on appelait une « ordalie ».

Récit

Le vase de Soissons

Clovis était connu pour sa cruauté. Un jour de l'année 486, les Francs pillèrent la ville de Soissons pour fêter leur victoire sur Syagrius, le chef des Gallo-Romains. La coutume franque voulait qu'on partage le butin en tirant au sort. Parmi tous les trésors entassés se trouvait un vase magnifique. L'évêque de Soissons supplia Clovis de lui laisser ce vase pris dans une église. Clovis accepta avec bonté et s'adressa ainsi à ses guerriers : « *Je vous prie de me laisser ce vase en plus de ma part.* »

Mais l'un des guerriers de Clovis s'avança et s'écria : *« Tu n'auras rien d'autre que ce que le sort te donnera. »* Et, prononçant ces mots, il brisa le vase d'un coup de francisque, la hache de guerre des Francs. À la surprise de tous, Clovis ne dit rien et ne punit pas le guerrier.

  Une année entière passa et tout le monde avait oublié cet épisode. Tout le monde sauf Clovis. Un jour de mars, il fit rassembler ses guerriers pour vérifier la bonne tenue de leurs armes – c'était une tradition franque. Il se dirigea alors vers le guerrier qui avait brisé le vase et lui dit : *« Tes armes sont en mauvais état. »* Et il jeta la francisque du guerrier à terre.
Quand celui-ci se baissa pour la ramasser, Clovis sortit sa hache et fendit en deux la tête du soldat.
« Souviens-toi du vase de Soissons », ajouta-t-il pendant que l'homme mourait à ses pieds. À partir de ce jour, aucun guerrier n'osa élever la voix devant Clovis.

Les Carolingiens

Charlemagne empereur

⊙ Une nouvelle dynastie, les Carolingiens

Charles Martel (690-741)

Au VIIIe siècle, les rois mérovingiens laissaient leur premier ministre, le maire du palais, gouverner. L'un d'eux, Charles Martel, arrêta l'invasion des Arabes à Poitiers en 732 et devint un héros. Son fils Pépin, surnommé « le Bref » car il était petit, passa un marché avec le Pape. Il l'aiderait à chasser les Lombards, un peuple germanique d'Italie, à condition que le Pape le reconnaisse roi. C'est ainsi qu'une nouvelle famille régna sur la France, la dynastie des Carolingiens.

⊙ Charles « le Grand »

Charlemagne était le fils de Pépin. Son nom venait du latin *Carolus Magnus*, Charles le Grand, car au contraire de son père il était grand. Il fut grand aussi par ses victoires : il battit les Lombards, vainquit les Arabes en Catalogne et envahit la Saxe, au nord de l'Allemagne actuelle. Il était tellement puissant qu'il se fit sacrer empereur par le pape en 800. Comme les empereurs romains d'antan, Charles régnait sur presque toute l'Europe. Les peuples de tout le continent le reconnurent comme leur roi et pas uniquement comme roi des Francs.

◉ Un empire organisé

Comme Charlemagne régnait sur un empire très vaste, il décida de l'organiser. Il créa une nouvelle monnaie, un nouveau calendrier et de nouvelles lois. La paix revint en Gaule et dans tout l'empire. Les paysans purent à nouveau cultiver en sécurité. Charlemagne voulait aussi que son peuple soit bien éduqué. Il ordonna qu'on ouvre une école partout où habitait un évêque, en plus de celles qui existaient déjà. C'est pourquoi beaucoup de personnes croient encore qu'il est l'inventeur de l'école en France.

Un jour qu'il visitait l'école de son palais, dit-on, Charlemagne demanda qu'on sépare en deux groupes les bons élèves et les mauvais élèves. Il se rendit alors compte qu'on ne trouvait que des enfants riches dans le groupe des mauvais élèves et des enfants pauvres dans le groupe des bons élèves. Il se mit en colère contre les paresseux et promit qu'il confierait des missions importantes aux élèves appliqués s'ils continuaient à travailler sérieusement.

Charlemagne (768-814) dans une école

Un empire divisé

⊙ Un empire trop vaste

L'empire de Charlemagne était immense mais trop vaste pour être bien gouverné. Son fils, Louis le Pieux, devint empereur en 814, à la mort de Charlemagne. Lorsque Louis mourut à son tour, ses trois fils, Lothaire, Louis et Charles commencèrent à se quereller : Louis et Charles s'opposèrent au plus vieux des trois, Lothaire.

Louis le Pieux

⊙ Le traité de Verdun divise l'empire

Pour éviter la guerre, les trois frères finirent par signer un traité à Verdun en 843 : chacun aurait sa part ; à Louis la Germanie, à Charles le chauve la future France et à Lothaire tous les territoires entre les deux, de la Belgique à l'Italie.

⊙ Naissance de la France et de l'Allemagne

Les Germains continuèrent de parler leur langue germanique qui devint peu à peu l'allemand que nous connaissons. Les Francs de Gaule parlèrent un latin un peu transformé, le roman, puis le français. La Gaule prit alors le nom de France.

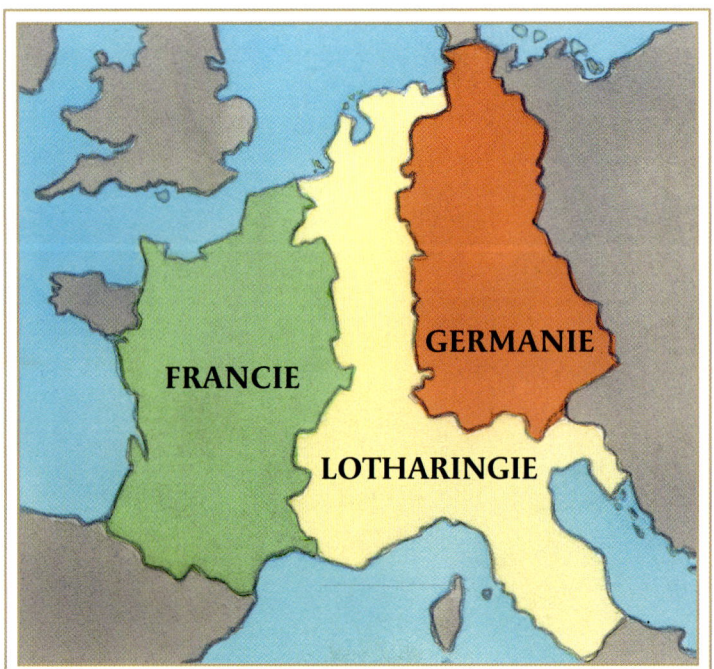

À l'ouest, la Francie pour Charles ;
à l'est, la Germanie pour Louis.
Entre les deux, un vaste mais fragile
territoire pour Lothaire, la Lotharingie.

Les Carolingiens

Le royaume de Lothaire parlait les deux langues mais il ne forma pas longtemps un pays, notamment parce que la France et l'Allemagne se disputèrent fréquemment ces territoires.

La signature du traité de Verdun en 843

De nouvelles invasions

⊙ Les Sarrasins pillent la Méditerranée

Les Sarrasins étaient un peuple arabe d'Afrique du Nord. Ils étaient musulmans depuis que le prophète Mahomet leur avait enseigné cette nouvelle religion. La plupart d'entre eux étaient des pirates qui s'attaquaient aux côtes d'Italie ou de Provence. Le drapeau de la Corse porte d'ailleurs une tête de Maure (les Maures étaient des Sarrasins) en souvenir de cette période.

Les Normands débarquent en Angleterre avant d'attaquer la France.

Les Carolingiens

⦿ Les Hongrois, une menace venue de l'est

Comme les Huns, les Hongrois venaient d'Asie. Se déplaçant à cheval, ils dévastaient tout sur leur passage, même les églises. Ils pillèrent de nombreuses villes et de nombreux villages avant d'être battus à la bataille du Lechfeld en 955.

⦿ Les Normands, la plus terrible menace

Les envahisseurs les plus terribles étaient les Normands, les « hommes du Nord ». Ils s'appelaient eux-mêmes « vikings », c'est-à-dire les guerriers de la mer. Ils venaient de Scandinavie sur leurs drakkars, de rapides bateaux à voiles. En 886, ils attaquèrent Paris. Mettant le feu à leurs propres navires, ils les lancèrent contre les ponts en bois de la ville afin de déclencher un incendie. Mais le comte Eudes organisa la défense et les Parisiens repoussèrent les drakkars ennemis. Les Normands furent repoussés en Normandie où ils finirent par s'installer.

Le siège de Paris par les Normands en 886.

Récit

La légende de Roland

Charlemagne fut un si grand empereur qu'il ne fut jamais oublié. Son souvenir a survécu grâce à toutes les histoires qu'on a racontées sur lui. Toutes ces histoires n'étaient pas vraies. La plupart étaient des légendes. La plus belle d'entre elles se nomme *La Chanson de Roland*.

Roland était le plus fidèle compagnon de Charlemagne. Il se battait avec une épée qui portait le nom de Durandal. Elle avait la réputation d'être indestructible. Roland dirigeait l'arrière-garde, c'est-à-dire les guerriers qui se trouvaient en arrière de l'armée de Charlemagne pour la protéger d'une attaque en traître. Comme ils revenaient d'Espagne où ils avaient vaincu les Sarrasins, les soldats de Roland s'engagèrent dans un passage étroit entre deux montagnes. Soudain, surgie de derrière les sommets de ces montagnes, une immense armée arabe attaqua Roland et ses hommes. C'est Ganelon, un compagnon de Charlemagne, qui les avait prévenus par traîtrise.

Les guerriers francs se battirent avec un grand courage mais quasiment tous finirent par mourir. Roland était le dernier survivant. Pour alerter Charlemagne, il souffla alors de toutes ses forces dans son cor. Mais chaque fois que Charlemagne entendait le son du cor, Ganelon le traître prétendait qu'il s'agissait du vent qui soufflait.

Inquiet, Charlemagne décida de faire demi-tour. Hélas, il arriva trop tard. Tous les guerriers de Roland étaient morts. Celui-ci voulut briser Durandal avant de mourir afin qu'aucun ennemi ne puisse la lui voler ; il frappa un rocher de toutes ses forces, mais ce fut l'épée qui brisa le roc.

LES CAPÉTIENS DIRECTS

Les premiers Capétiens

Le roi Hugues Capet (987-996)

⊙ Hugues Capet, roi de France

Comme les derniers rois carolingiens étaient incapables de protéger la France, les seigneurs décidèrent de se réunir et de désigner roi l'un d'entre eux. Ils choisirent Hugues Capet en 987 car son ancêtre Eudes s'était battu contre les Normands. C'est ainsi que naquit la dynastie des Capétiens.

⊙ Des seigneurs peu obéissants

Mais dans la France des premiers rois capétiens, le roi avait peu de pouvoir : il régnait sur le domaine royal, un territoire un peu plus grand que l'Île-de-France actuelle. Ailleurs, les seigneurs régnaient en maître. Certains se comportaient comme des brigands et détroussaient les voyageurs.

⊙ Les Capétiens font la guerre aux seigneurs

Les successeurs d'Hugues Capet régnèrent longtemps. Robert II le Pieux régna 35 ans, Henri Ier 29 ans, Philippe Ier régna même 48 ans ! Après de tels règnes, les seigneurs comprirent que la dynastie capétienne allait durer.

Le cinquième roi de la dynastie, Louis VI le Gros, partit même faire la guerre aux seigneurs pour montrer son autorité et ramener l'ordre dans le royaume de France.

Les seigneurs-brigands dévastant une ferme

Philippe Auguste et la bataille de Bouvines

⦿ Les débuts de la rivalité entre la France et l'Angleterre

À la mort de Louis VI le Gros, son fils Louis VII le Jeune lui succéda. Mais un seigneur très puissant, du nom d'Henri II Plantagenêt, possédait l'Anjou, la Normandie et l'Aquitaine. Il était aussi le neveu du roi d'Angleterre. Quand celui-ci mourut en 1154, Henri II devint roi d'Angleterre. La moitié de la France devint donc anglaise d'un coup. Philippe Auguste, le fils de Louis VII, combattit Henri Plantagenêt en vain.

Les Capétiens directs

À la mort d'Henri, il continua de se battre contre son fils Richard « Cœur de Lion ». Il ne parvint pas à le vaincre non plus.

◉ Jean sans Terre et la bataille de Bouvines

À son retour des croisades, Richard fut fait prisonnier en Allemagne. Son frère Jean sans Terre en profita pour s'emparer du trône. Il était fourbe, lâche et cruel et ses sujets le détestaient. Philippe Auguste se battit aussi contre lui et lui reprit la Normandie, l'Anjou et le Poitou. Il ne resta plus que la Guyenne à l'Angleterre. En 1214, une grande bataille opposa le roi de France aux Anglais, aux Allemands et aux Flamands à Bouvines. Il remporta une grande victoire.

◉ Le retour de Bouvines

Ce ne fut pas seulement une grande victoire. Ce fut aussi une victoire très importante pour l'histoire de France car elle donna aux Français un sentiment de fierté. Sur le chemin du retour, Philippe fut acclamé par les paysans. Les cloches des églises sonnaient à son passage et les villes étaient ornées de drapeaux. Les Capétiens commençaient à faire de la France un pays uni.

Au cœur de la bataille de Bouvines, Philippe Auguste est désarçonné par l'infanterie d'Otton puis remis en selle par ses fidèles lieutenants.

De Saint-Louis à Philippe le Bel

◉ Saint Louis, un grand roi

Les successeurs de Philippe Auguste furent Louis VIII puis son fils Louis IX, qu'on appela « Saint Louis » car il était bon et très croyant. Il assistait à deux messes par jour et s'occupait des pauvres et des malades. Il voulait réparer les injustices. On raconte qu'il rendait la justice sous un chêne dans le bois de Vincennes.

Saint-Louis (1226-1270) rendant la justice sous un chêne

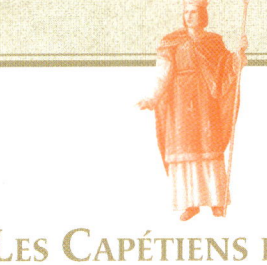

Les Capétiens directs

⊙ Saint Louis renforce le royaume

Mais Saint Louis s'intéressait aussi au commerce et créa une nouvelle monnaie, l'écu d'or. Sous son règne, la France continua aussi de se battre contre les Anglais. Louis IX remporta la victoire mais se montra généreux avec ses ennemis. Il parvint à faire la paix entre les seigneurs, ce qui rendit la vie des paysans plus sûre et fit de la France un pays plus uni. Le commerce se développa sous son règne et Paris devint une grande ville. Il partit en croisade en Terre sainte et tomba gravement malade. Il mourut à Tunis en 1270.

⊙ Philippe le Bel, un roi de fer

Philippe III le Hardi succéda à Louis IX, puis Philippe IV le Bel devint roi. On le surnomma le « roi de fer » car il était très dur avec ses ennemis. Il décida ainsi de se débarrasser des Templiers. Les Templiers étaient à la fois moines et chevaliers. Surtout, ils étaient riches et puissants dans toute l'Europe. Philippe le Bel les accusa d'être des sorciers et les fit brûler sur le bûcher. Il ne ressemblait pas à son grand-père Louis : il n'obéissait pas au pape et utilisait l'argent de l'Église dans ses guerres contre les Anglais. À sa mort, ses fils Louis le Hutin, Philippe V et Charles IV régnèrent peu et moururent jeunes. Or, la vieille loi des Francs, la loi salique, prévoyait que seuls les garçons pouvaient devenir rois. À la mort de Charles IV, le royaume de France n'avait plus d'héritier.

Philippe IV le Bel (1268-1314)

Les croisades

⊙ Les chrétiens au secours de Jérusalem

Pour les chrétiens, la Palestine était une terre sacrée car c'est là que Jésus était né et avait vécu. Ils l'appelaient même la Terre sainte. Mais au VIIe siècle, les arabo-musulmans avaient conquis cette terre et, au XIe siècle, les Turcs prirent Jérusalem et décidèrent de tuer tous les chrétiens qui s'y rendaient pour prier.

⊙ Urbain II lance la première croisade

Urbain II était pape à cette époque. En 1095, à Clermont, dans le centre de la France, il décida de lancer un appel à tous les chevaliers chrétiens pour qu'ils aillent libérer la Palestine. Comme cette guerre se faisait au nom de Dieu, les chevaliers se faisaient coudre une croix rouge en laine sur leur armure. C'est pour cette raison qu'on les a appelés les croisés et que ces guerres se sont appelées les croisades.

Le pape Urbain II

⊙ La victoire des croisés

Le voyage était long et périlleux. De nombreux croisés moururent avant d'arriver. Bien d'autres moururent encore dans les terribles combats pour la prise de la ville sainte. En 1099, Godefroy de Bouillon, un chevalier belge, s'empara enfin de Jérusalem au prix d'une longue bataille et de nombreux massacres. Il créa alors le royaume de Jérusalem qui dura deux siècles. Les chrétiens fondèrent d'autres royaumes mais ils furent définitivement chassés par les musulmans en 1291.

Les Capétiens directs

La prise de Jérusalem en 1099

Récit

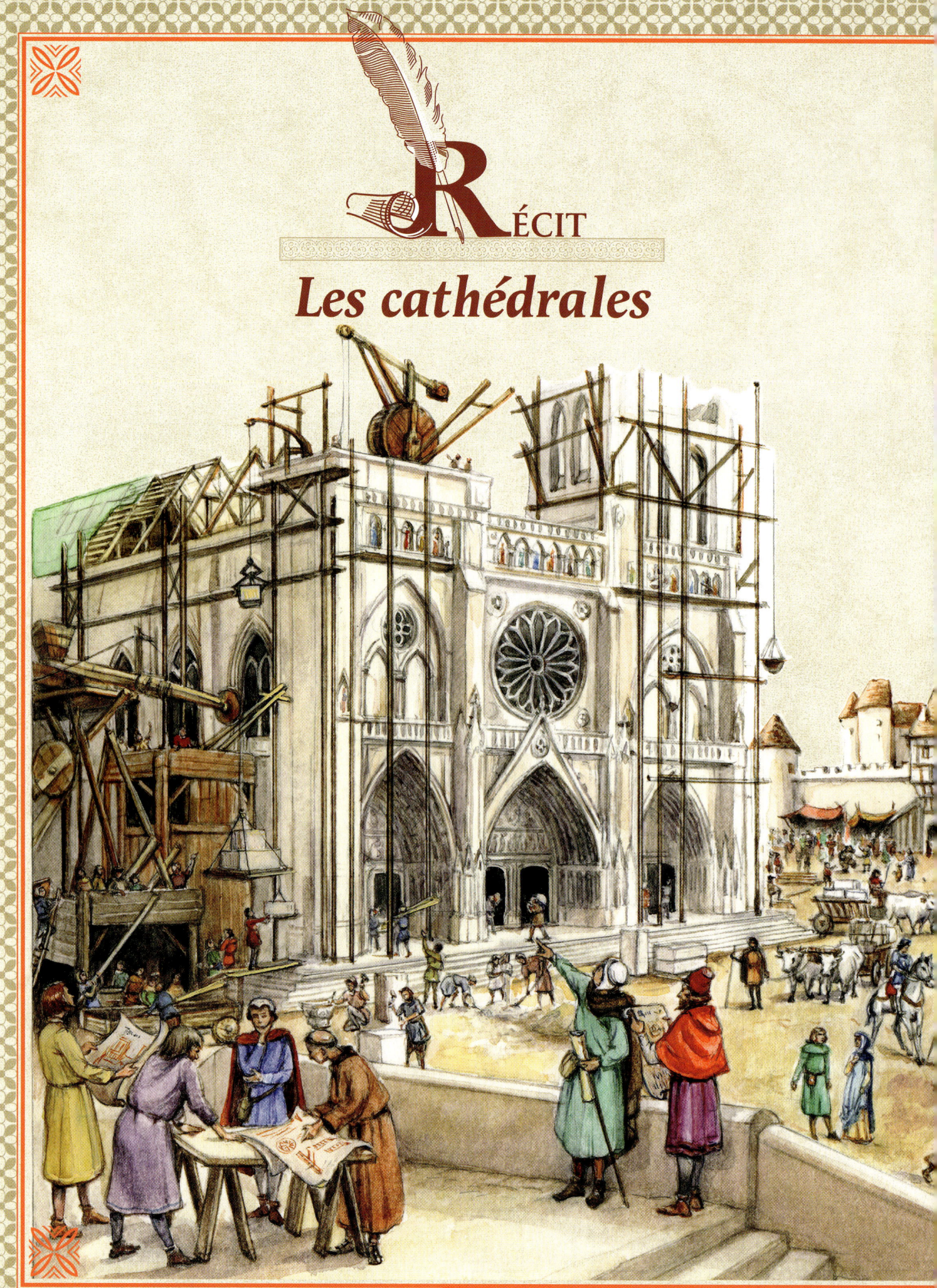

Les cathédrales

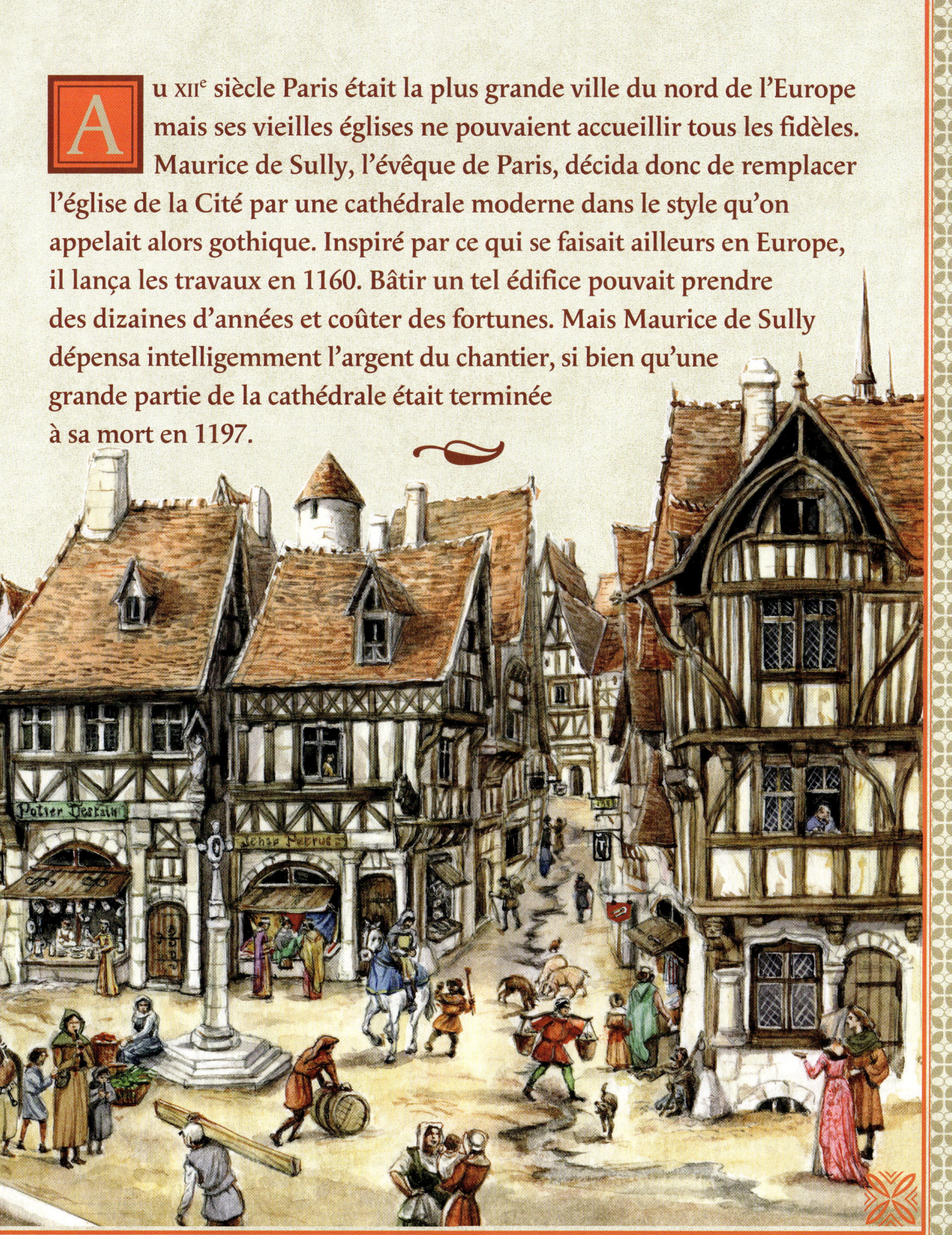

Au XIIe siècle Paris était la plus grande ville du nord de l'Europe mais ses vieilles églises ne pouvaient accueillir tous les fidèles. Maurice de Sully, l'évêque de Paris, décida donc de remplacer l'église de la Cité par une cathédrale moderne dans le style qu'on appelait alors gothique. Inspiré par ce qui se faisait ailleurs en Europe, il lança les travaux en 1160. Bâtir un tel édifice pouvait prendre des dizaines d'années et coûter des fortunes. Mais Maurice de Sully dépensa intelligemment l'argent du chantier, si bien qu'une grande partie de la cathédrale était terminée à sa mort en 1197.

LA GUERRE DE CENT ANS

Les défaites françaises

⊙ Les débuts de la guerre de Cent Ans

Après la mort de Philippe le Bel, la France n'avait plus de roi. Deux princes pouvaient lui succéder : son cousin Philippe VI de Valois ou son neveu Édouard III, le roi d'Angleterre. Les grands seigneurs choisirent Philippe VI car il était Français. Quand ce dernier essaya de reprendre la Guyenne aux Anglais, Édouard III réclama la couronne et une guerre se déclencha. Elle allait opposer Français et Anglais pendant près d'un siècle. On l'a appelée la guerre de Cent Ans.

⊙ La bataille de Crécy et la prise de Calais

Les Français perdirent une première grande bataille en 1346 à Crécy. Les chevaliers français étaient pourtant nombreux et courageux, mais ils étaient moins bien organisés que les archers anglais.

Les archers gallois ont permis aux Anglais de remporter la bataille de Crécy en tirant 6 à 12 flèches par minute avec leur arc long.

Un an après, en 1347, les Anglais assiégèrent Calais, au nord de la France. Affamés, les habitants de la ville durent se rendre. Six bourgeois se livrèrent en otages à Édouard III et lui remirent les clefs de la ville. Calais appartint à l'Angleterre jusqu'en 1558.

Philippe, quatrième fils du roi Jean II le Bon, protège son père de l'assaut anglais : « *Père, gardez-vous à droite ! Père, gardez-vous à gauche !* » Malgré l'aide de son plus jeune fils, Jean doit se rendre.

◉ Poitiers, une troisième défaite

Philippe VI de Valois mourut en 1350. Son fils Jean II le Bon lui succéda. C'était un brave chevalier mais un très mauvais général, vantard et imprudent. Il se mit en tête d'attaquer les Anglais en 1356 à Poitiers. Un fils d'Édouard III, le Prince Noir, commandait l'armée anglaise. Il installa ses archers en haut d'une colline et décima l'armée française. Jean fut fait prisonnier et dut donner treize tonnes d'or en rançon.

Charles le Sage et Charles le Fol

◉ Charles V le Sage, un roi bien entouré

En 1364, à la mort de Jean II le Bon, les Anglais possédaient tout le sud-ouest de la France. Charles V n'était pas comme son père : très sage, il n'aimait pas la guerre et préférait lire et étudier. Il sut aussi choisir un très grand chef d'armée dont il fit son connétable : Bertrand Du Guesclin. Du Guesclin avait compris qu'il fallait réfléchir avant de se battre contre les Anglais. Il choisit d'endormir leur méfiance et de les attaquer par surprise. Il remporta tant de victoires qu'à sa mort les Anglais ne possédaient plus que cinq villes en France.

◉ Charles VI le Fol

Malheureusement, les efforts de Du Guesclin furent réduits à néant par le fils de Charles V, Charles VI le Fol. Ce dernier devint fou à 24 ans (on disait « fol » au Moyen Âge). Il croyait que son corps était en verre et risquait de se briser au moindre choc. Une fois, il crut voir un fantôme, tira son épée et tua ses propres amis dans un accès de folie. Sa femme Isabeau de Bavière le remplaça à la tête du royaume et dut gouverner à sa place.

◉ Armagnacs et Bourguignons

Profitant de la situation, le frère du roi, le duc d'Orléans et son cousin, Jean sans Peur, voulurent prendre le pouvoir. Chacun devint le rival de l'autre. Jean fit assassiner le duc d'Orléans ce qui provoqua une guerre entre les « Bourguignons », les partisans de Jean, et les « Armagnacs »,

La guerre de Cent Ans

les partisans du duc d'Orléans. Les Anglais en profitèrent : leur roi Henri V battit l'armée française à Azincourt en 1415. Pour faire la paix avec lui, Isabeau prit une terrible décision : par le traité de Troyes, en 1420, elle donna le royaume de France au roi d'Angleterre !

Le roi Charles VI (1380-1422)

Jeanne d'Arc au secours de Charles VII

⊙ Charles VII, le « roi de Bourges »

Charles VII, fils de Charles le Fol se réfugia à Bourges, au sud de la Loire. Pour se moquer de lui, les Anglais l'appelaient le « roi de Bourges » car il n'avait en fait aucun pouvoir sur la France. De caractère indolent, il ne cherchait pas à reprendre son royaume. Bientôt, les Anglais assiégèrent Orléans : s'ils prenaient cette ville, toute la France leur appartiendrait. C'était compter sans Jeanne d'Arc.

Jeanne d'Arc fêtée par les habitants d'Orléans

LA GUERRE DE CENT ANS

◉ Jeanne d'Arc, la paysanne de Domrémy

Jeanne était une toute jeune paysanne de Domrémy en Lorraine. Un jour qu'elle gardait les moutons, elle eut une vision : elle vit des saints descendre du ciel qui lui donnèrent pour mission de sauver Orléans. Elle n'hésita pas et se rendit à Chinon pour rencontrer Charles VII. Charles VII crut que cette jeune fille était folle mais il finit par se laisser convaincre et lui confia son armée.

Jeanne d'Arc au bûcher à Rouen

◉ Charles VII, roi de France

Jeanne d'Arc entra par surprise dans Orléans avec ses soldats. Son arrivée redonna du courage aux habitants assiégés et, en 1429, les Anglais finirent par quitter la ville. Sa mission n'était pas terminée pour autant : pour devenir vraiment roi de France, Charles VII devait se faire sacrer à Reims. Elle parvint à ouvrir la voie jusqu'à cette ville et Charles fut sacré. Alors qu'elle combattait à Paris et à Compiègne, les Anglais firent Jeanne prisonnière. Pour se venger d'elle, ils la firent passer pour une sorcière et la brûlèrent vive à Rouen en 1431 alors qu'elle n'avait que 19 ans.

Récit

Du Guesclin

Bertrand Du Guesclin n'était pas un chevalier comme les autres : épais, le visage rond, les yeux globuleux comme ceux d'une mouche, il était détesté par son père. Le malheureux passait son temps à se battre avec les enfants de son village.

Un jour, un tournoi fut organisé. Les meilleurs chevaliers de Bretagne allaient s'affronter. Du Guesclin voulait y participer mais son père le lui interdit.

N'écoutant que son caractère combatif, le jeune homme désobéit : il emprunta une vieille armure et un cheval boiteux et se présenta le jour du tournoi. Personne ne le reconnut grâce à son casque mais tout le monde se demandait qui était ce chevalier pauvrement armé. Malgré tout, il vainquit un à un les quinze chevaliers qu'il affronta. La foule l'acclamait, applaudissait à tout rompre.

Son père se présenta alors pour l'affronter. Du Guesclin retira son casque et dit : « *Non, père, je ne me battrai pas contre vous.* » Son père, ému et fier de voir que son fils était le héros du tournoi se précipita vers lui et le prit dans ses bras.

Bertrand Du Guesclin devint plus tard connétable du roi de France et il parvint à vaincre les Anglais. Ce fut l'un des soldats les plus prestigieux de l'histoire de France. Il a même été enterré à la basilique Saint-Denis, comme un roi.

La Renaissance

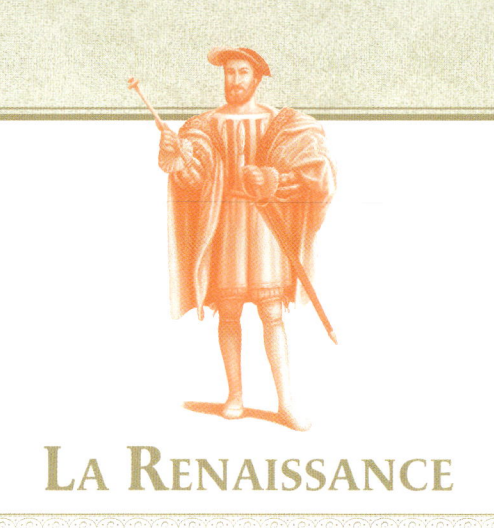

Louis XI et les temps nouveaux

⦿ Louis XI contre Charles le Téméraire

Louis XI succéda à Charles VII. Il était laid et s'habillait mal. En revanche, il était si rusé qu'on le compara à une araignée qui attire ses ennemis dans sa toile. Ainsi, quand le duc de Bourgogne, Charles le Téméraire, voulut se séparer de la France, Louis XI ne réagit pas. Il attendit que Charles commette une imprudence et le fit tuer à Nancy en 1477. Louis XI prit la Bourgogne et la Picardie : à sa mort son domaine se confondait avec les frontières de la France.

Le roi Louis XI (1461-1483)

⦿ De nombreuses inventions

En 1453 un Allemand du nom de Gutenberg inventa l'imprimerie. Avant cette invention, on devait copier les livres à la main. Ils étaient rares et donc très chers. Seuls les moines et les seigneurs pouvaient les lire. Désormais, les livres deviennent accessibles à un plus grand nombre de lecteurs. Deux autres inventions ont transformé le monde : la poudre à canon et surtout la boussole.

⦿ Les grandes découvertes

Une boussole indique toujours le nord. Elle permet de s'orienter beaucoup mieux, surtout en mer. Grâce à cette invention, de plus en plus de navires partirent explorer le monde.

En 1492, un marin italien, Christophe Colomb, découvrit l'Amérique. C'est de cette année que l'on date la fin du Moyen Âge et le début de l'époque moderne. Christophe Colomb retourna trois autres fois en Amérique.

Les guerres d'Italie

⊙ Charles VIII rêve de conquêtes

Le fils de Louis XI, Charles VIII, devint roi de France en 1483. Il épousa Anne, héritière du duché de Bretagne. Par leur mariage, la Bretagne fut rattachée à la France. Plus jeune, Charles VIII avait lu beaucoup de romans d'aventures, parlant de conquêtes des chevaliers. Il rêvait aussi des richesses de l'Italie, de ses oliviers, de ses vignes, de ses châteaux somptueux.

⊙ Les expéditions en Italie

Il lança donc une grande armée à l'assaut de ce pays mais les Italiens le repoussèrent. En 1498, quand il mourut, son cousin Louis XII devint roi et continua à se battre pour la région de Milan. Les Espagnols, installés dans la région le repoussèrent à son tour. En 1515, François Ier monta sur le trône. Il combattit deux jours aux côtés du chevalier Bayard pour reprendre le Milanais. Il finit par obtenir la victoire à Marignan.

Les soldats de Charles VIII à la conquête de l'Italie.

La Renaissance

◉ La défaite de Pavie

François Ier n'eut pas la paix pour autant. Charles Quint, roi d'Espagne et empereur d'Allemagne, possédait des terres en Italie, aux Pays-Bas et même en Amérique. Il voulait chasser François Ier. Alors que leurs armées se combattaient, Charles de Bourbon, le connétable de François Ier, le trahit. Les Français furent alors vaincus à Pavie en 1525 et François Ier fait prisonnier un an à Madrid. Il perdit de son prestige et écrivit à sa mère : « *De toutes choses ne m'est demeuré que l'honneur et la vie qui est sauve.* » La guerre ne se termina qu'à la mort du fils de François Ier, Henri II, en 1559.

La France au temps de François Ier

◉ François Ier

François Ier était grand, majestueux et élégant. Il aimait la chasse, les chevauchées dans les forêts et les jeux comme le jeu de paume – l'ancêtre du tennis. Il aimait aussi le luxe, les beaux vêtements brodés et les bijoux. Il essaya d'impressionner le roi d'Angleterre Henri VIII en l'invitant dans une tente entièrement faite de draps tissés d'or, qu'on appela le Camp du Drap d'or. Malgré cette invitation, Henri VIII préféra s'allier à Charles Quint qui le reçut plus modestement.

◉ Des châteaux d'un nouveau style

Les palais italiens avaient beaucoup impressionné François Ier à cause de leur raffinement et de leur beauté. Il voulut les imiter. Il fit d'abord détruire les vieux donjons du Louvre pour faire reconstruire un palais avec de grandes fenêtres et des sculptures. Il fit également construire deux magnifiques châteaux à Fontainebleau et à Chambord dont il orna les galeries avec des tableaux de peintres italiens.

Léonard de Vinci (1452-1519) était un peintre mais il s'intéressait aussi à la science : il imagina des façons de construire des parachutes, des hélicoptères et même des sous-marins.

La Renaissance

⊙ La Renaissance en France

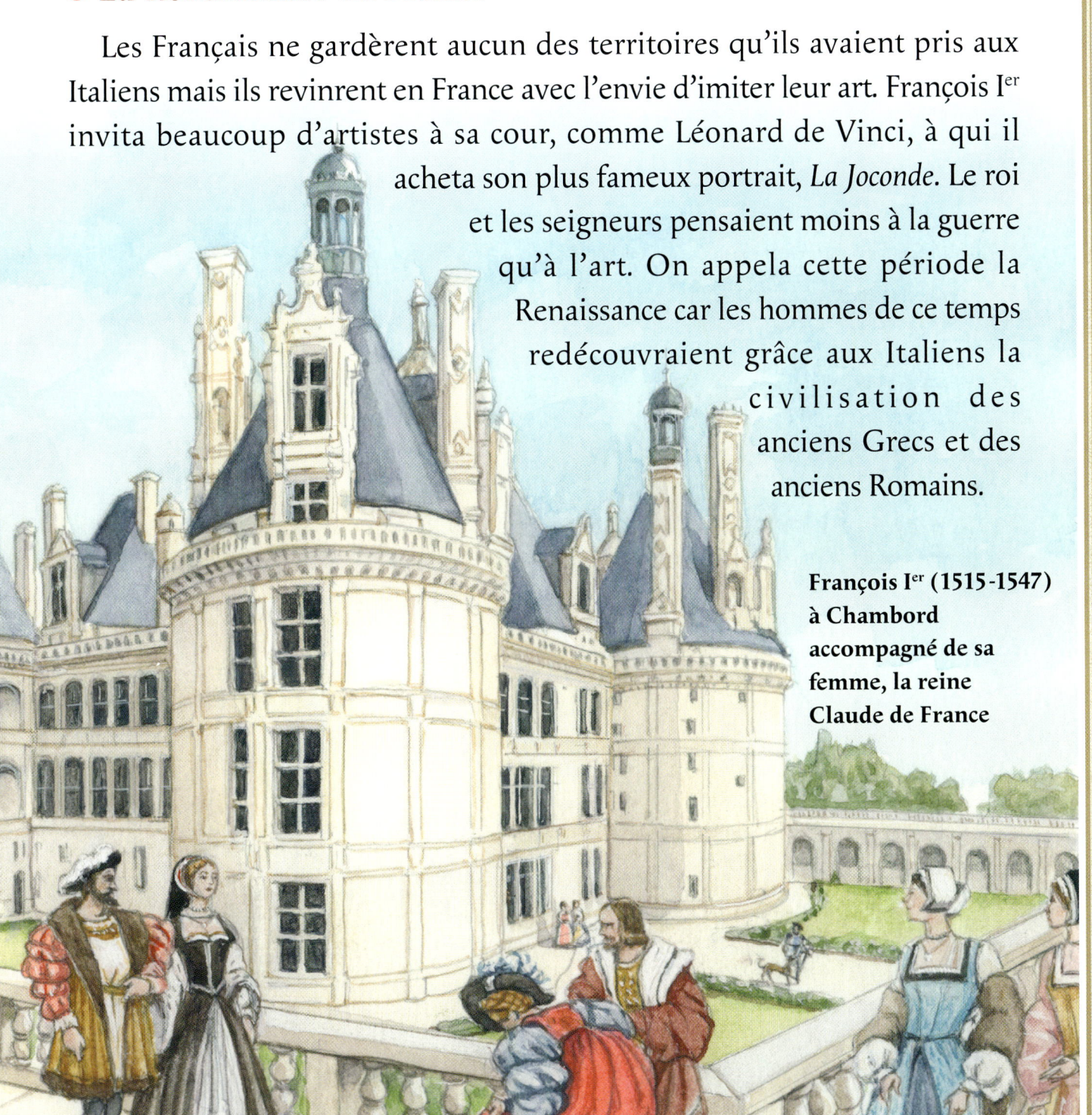

Les Français ne gardèrent aucun des territoires qu'ils avaient pris aux Italiens mais ils revinrent en France avec l'envie d'imiter leur art. François Ier invita beaucoup d'artistes à sa cour, comme Léonard de Vinci, à qui il acheta son plus fameux portrait, *La Joconde*. Le roi et les seigneurs pensaient moins à la guerre qu'à l'art. On appela cette période la Renaissance car les hommes de ce temps redécouvraient grâce aux Italiens la civilisation des anciens Grecs et des anciens Romains.

François Ier (1515-1547) à Chambord accompagné de sa femme, la reine Claude de France

Récit

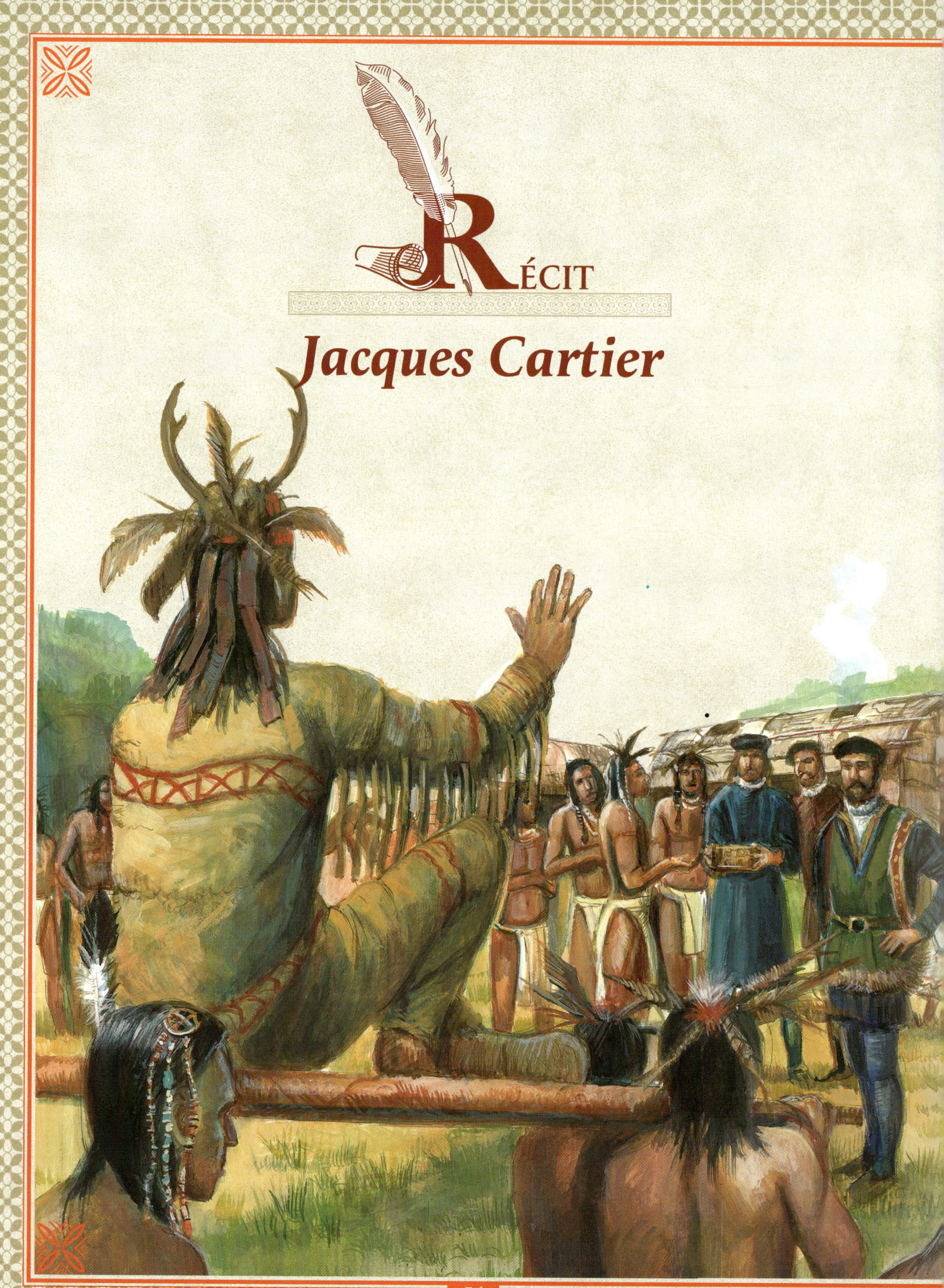

Jacques Cartier

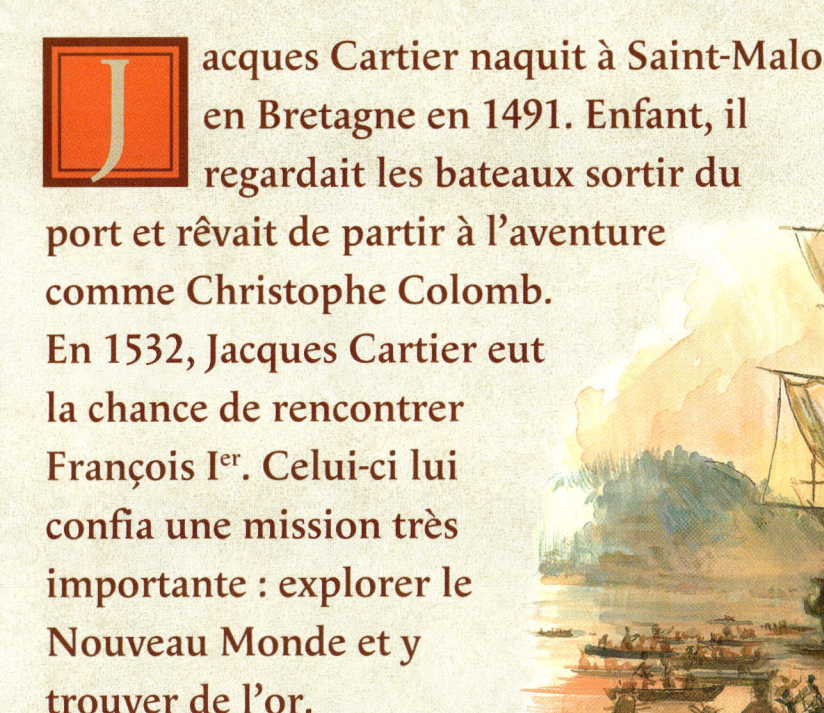

Jacques Cartier naquit à Saint-Malo en Bretagne en 1491. Enfant, il regardait les bateaux sortir du port et rêvait de partir à l'aventure comme Christophe Colomb. En 1532, Jacques Cartier eut la chance de rencontrer François Ier. Celui-ci lui confia une mission très importante : explorer le Nouveau Monde et y trouver de l'or.

Jacques Cartier quitta Saint-Malo avec deux navires : le Triton et le Goéland. Il ne lui fallut que vingt jours pour traverser l'océan et découvrir de petites îles au large du Canada. Un jour, il vit quarante barques s'approcher de son navire. Des Indiens venaient à sa rencontre. Jacques Cartier débarqua alors sur les rives du fleuve Saint-Laurent et rencontra des Indiens d'une autre tribu : les Iroquois.

Cartier offrit aux Indiens de nombreux cadeaux et ceux-ci firent une grande fête en son honneur. Plus tard, alors qu'il cherchait à explorer le pays, deux jeunes gens lui montrèrent l'horizon en répétant sans cesse le mot *kanata*, qui voulait dire « village ». Comme Jacques Cartier ne comprenait pas leur langue, il pensa qu'il s'agissait du nom du pays. C'est pourquoi il lui donna le nom de Canada.

LES GUERRES DE RELIGION

La Saint-Barthélemy

◉ Les protestants

Au moment où François Ier commençait à régner, un Allemand nommé Luther voulut changer la religion chrétienne. Certains ne furent pas d'accord avec lui mais d'autres, comme le Français Jean Calvin, le suivirent. Les chrétiens se divisèrent alors entre « protestants » et catholiques. Les protestants refusaient le pouvoir du pape, ce qui revenait à refuser le pouvoir du roi. Il y eut alors en France une terrible guerre de religion.

Martin Luther fit placarder ses 95 thèses qui mettaient en cause l'Église catholique et le roi, lui-même catholique. Il fut excommunié, c'est-à-dire chassé de la communauté des chrétiens par le Pape.

◉ Une guerre civile

Cette guerre fut une « guerre civile », c'est-à-dire une guerre entre des habitants d'un même pays. Ce fut aussi une guerre atroce : on jetait ses ennemis dans des puits, par les fenêtres ou du haut des tours des châteaux. En 1547, à la mort de François Ier, son fils Henri II, puis le fils de celui-ci, François II, devinrent rois. François II mourut très jeune et eut pour successeur son frère Charles IX qui était encore un enfant. Sa mère Catherine de Médicis dirigea alors le royaume.

La nuit de la Saint-Barthélemy

En 1572, sous la pression des catholiques, elle fit tuer l'amiral de Coligny, chef des protestants. Ce fut le début d'un terrible massacre qui se déroula la nuit de la Saint-Barthélemy du 23 au 24 août 1572. Trois mille protestants furent tués à Paris et en province.

⊙ Henri IV et l'édit de Nantes

Henri III succéda à Charles IX. Il voulut faire la paix avec les protestants mais les catholiques le firent tuer pour cette raison en 1589. Comme il n'avait pas de fils, c'est son lointain cousin Henri de Bourbon, chef des protestants, qui devait lui succéder. Pendant neuf années la guerre fit rage entre les deux camps. Finalement, Henri se convertit, devint catholique puis roi de France. En 1598, par l'édit de Nantes, il autorisa les protestants à pratiquer leur religion.

Henri IV et Sully

◉ Henri IV

Henri IV fut un grand roi. Gai et énergique, il avait une autorité naturelle et tous ses sujets le respectaient. On raconte que, quand il était enfant, sa mère l'obligeait à chevaucher sous la pluie pour qu'il devienne plus résistant. Après quarante années de guerres, il voulut rendre sa prospérité au royaume et fit le souhait que tous les paysans puissent manger une poule au pot le dimanche.

Henri IV (1589-1610) signant l'édit de Nantes

LES GUERRES DE RELIGION

⊙ Sully

Henri IV fut aidé par un très bon ministre du nom de Sully. Henri IV et Sully étaient amis depuis leur enfance. Ils avaient combattu ensemble et se faisaient une grande confiance. Sully était très travailleur, avare, parfois brutal, mais il permit au royaume de se redresser en très peu de temps grâce à son intelligence et à son organisation.

⊙ Le redressement de la France

Sully disait que « *pâturage et labourage sont les deux mamelles de la France* ». Aussi décida-t-il de protéger les paysans en interdisant aux seigneurs de traverser leurs champs à cheval. Henri IV, lui, s'intéressait à l'industrie : il fit créer les premières manufactures et encouragea la production de tapis, de tapisseries, de toiles, de soie, de verres en cristal. Malheureusement, Henri IV mourut trop tôt. En 1610, il fut tué d'un coup de couteau en pleine rue par Ravaillac, un fou qui lui reprochait d'avoir fait la paix avec les protestants.

Le 14 mai 1610, alors qu'il se rend au chevet de Sully, malade, Henri IV est poignardé par Ravaillac.

Louis XIII et Richelieu

⊙ Richelieu, ministre de Louis XIII

Quand Henri IV fut assassiné, son fils Louis XIII n'avait que 10 ans. La reine Marie de Médicis dirigea le royaume jusqu'à sa majorité. Devenu roi, Louis XIII s'entoura d'un excellent ministre, le cardinal de Richelieu. Énergique, orgueilleux, sans pitié pour ses ennemis, le cardinal de Richelieu était grand, portait une majestueuse robe rouge et une barbe pointue. Il fit la guerre aux nobles qui complotaient contre le roi. De 1624 à sa mort en 1642, Richelieu gouverna la France avec une grande habileté.

Louis XIII (1610-1643)

⊙ Richelieu et les protestants

Richelieu pensait que les protestants avaient désormais trop de pouvoirs. Depuis l'édit de Nantes, ils possédaient en effet plusieurs places fortes et menaçaient l'autorité du roi. La plus importante était La Rochelle, un port sur l'océan Atlantique. Richelieu en fit le siège pendant un an, empêchant les navires anglais de ravitailler la ville grâce à une digue qu'il avait fait construire. En 1628, La Rochelle fut prise et des milliers de Rochelais furent massacrés par les troupes royales. Richelieu laissa cependant leur liberté de culte aux autres protestants de France.

⊙ La guerre contre l'Espagne

Des menaces plus graves menaçaient l'autorité de Louis XIII. Le roi d'Espagne possédait en effet une région très proche de Paris, l'Artois. Richelieu voulut la lui prendre, ainsi que le Roussillon et

Les guerres de religion

l'Alsace. Il les fit alors assiéger une à une. Sept ans plus tard, à la mort de Louis XIII, ces trois provinces étaient devenues françaises.

Le Cardinal de Richelieu sur la digue, lors du Grand siège de La Rochelle

Récit

Sully

Sully n'avait que 13 ans lors de la terrible nuit de la Saint-Barthélemy. Protestant, il risquait la mort. On raconte qu'il traversa alors Paris en se faisant passer pour un catholique, un livre de prières à la main. Au même âge, il devint le page du futur Henri IV. Les deux garçons devinrent amis et ne se quittèrent plus. Quand Henri IV fut couronné roi de France, il prit naturellement Sully comme ministre.

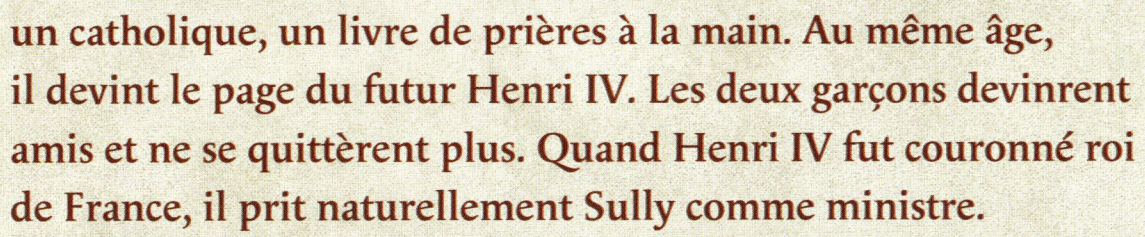

La France était alors un pays ruiné par les guerres de religion. Les routes étaient dévastées et les ponts détruits. Sully fit retracer les chemins et planter des ormes et des tilleuls. Grâce au bois de ces arbres, on put construire de nombreux navires. Mais Sully ne fit pas que des routes. Il fit construire le canal de Briare entre la Loire et la Seine, car les fleuves étaient plus sûrs que les routes à l'époque.

Sully pensait que les paysans étaient la vraie richesse de la France. Il diminua leurs impôts et les encouragea à vendre leurs fruits, leurs légumes et leurs fromages dans les pays étrangers. En douze ans seulement, Sully permit à la France de se redresser et de s'enrichir.

LE GRAND SIÈCLE DE LOUIS XIV

Louis XIV, le « Roi-Soleil »

⊙ L'enfance de Louis XIV

À la mort de Louis XIII, Louis XIV n'avait que 5 ans. Sa mère, Anne d'Autriche, dirigea donc le royaume. Elle fit appel à un homme d'origine italienne. Il était intelligent, inventif et prévoyant et portait le nom de Mazarin. Ce fut un très grand ministre qui gouverna jusqu'à sa mort en 1661. Quand les nobles se révoltèrent une dernière fois contre le roi, Mazarin les combattit avec succès. Il lui fallut quatre ans pour mettre fin à cette révolte qu'on appelle la Fronde.

⊙ Le règne sans partage de Louis XIV

Quand le fidèle Mazarin mourut, Louis XIV avait 22 ans. Il décida alors de régner seul. Il eut des ministres de grande valeur comme Colbert et Louvois et d'excellents soldats comme Turenne, mais il ne voulut jamais partager son pouvoir avec un Premier ministre.

⊙ Un roi qui aimait la guerre

Louis XIV aimait trop la guerre. Avec l'aide de Louvois, il renforça l'armée française qui compta jusqu'à 450 000 soldats.

Ses ingénieurs, comme Vauban, améliorèrent les fortifications pour protéger les villes françaises des canons ennemis. Avec cette armée puissante, Louis XIV s'empara de la Franche-Comté et de la Flandre. Mais les pays voisins s'unirent contre Louis XIV et la France fut très affaiblie, à la fin de son règne, par de nombreuses défaites.

Vauban protégea la France en construisant des dizaines de citadelles.

Louis XIV (1643-1715) devant le château de Versailles

Le Grand Siècle

⊙ Le siècle de Louis XIV

L'époque de Louis XIV fut une période exceptionnelle pour la France. Racine et Corneille composèrent leurs tragédies, Molière ses comédies ; La Fontaine écrivit ses fables et Bossuet ses livres de morale ; Madame de Lafayette écrivit un des premiers romans modernes, *La Princesse de Clèves*. La langue française semblait si parfaitement maniée par ces grands auteurs que les nobles anglais, allemands et russes apprenaient le français et le parlaient chez eux.

⊙ Versailles et la Cour

Louis XIV fit construire un somptueux château à Versailles. Il en surveilla les travaux pour qu'il ressemble à ce qu'il voulait : un parc vaste et magnifique, des statues et des jets d'eau nombreux. C'est à Versailles qu'il installa sa Cour, c'est-à-dire tous les nobles qui vivaient avec lui. Il pouvait ainsi les surveiller, mais surtout être admiré de tous de son lever à son coucher, à l'égal d'un dieu. C'est pourquoi on l'appela le « Roi-Soleil ».

Une représentation du *Malade Imaginaire* de Molière

Le grand siècle de Louis XIV

Au XVIIᵉ siècle, les rues de Paris sont très bruyantes. Le poète Boileau décrit cette ville où on croise des carrosses luxueux et des misérables dans *Les Embarras de Paris*.

⊙ Richesse et misère du royaume

La France participa aux grandes découvertes et s'empara de nombreux territoires : la Louisiane en Amérique, la Guadeloupe et la Martinique aux Antilles qu'on peupla d'esclaves ramenés d'Afrique ; la Réunion, l'île Maurice et Pondichéry en Inde. Malgré ses territoires et ses richesses, le royaume était pauvre. Surtout, Louis XIV révoqua l'édit de Nantes en 1685, ce qui provoqua le départ de 200 000 protestants parmi les plus instruits et les plus ingénieux.

La France sous Louis XV

⦿ L'enfance de Louis XV

Louis XIV vécut si longtemps que ses enfants et ses petits-enfants moururent avant lui. À sa mort, en 1715, c'est donc son arrière-petit-fils qui lui succéda. Comme Louis XV n'avait que 5 ans, un régent, Philippe d'Orléans, dirigea le royaume jusqu'à ce que le roi soit assez grand. Ensuite commença pour Louis XV un règne de 51 ans.

⦿ Peu de victoires

Louis XV n'avait aucun goût pour la guerre.

Louis XV (1710-1774)

Il agrandit cependant le royaume : en 1766, la Lorraine devint française. En 1768, ce fut au tour de la Corse. Dupleix, gouverneur français de l'Inde, conquit de son côté de vastes territoires en Inde aux dépens des Anglais. Pour triompher de ses ennemis, Dupleix était devenu l'ami de nombreux princes hindous. Mais Louis XV ne voulait pas fâcher les Anglais et il finit par leur rendre leurs possessions indiennes par le traité de Paris en 1763.

⦿ Trop de défaites

En revanche, les défaites furent très nombreuses, notamment contre les Anglais. Ceux-ci convoitaient les immenses territoires que les Français possédaient au Canada. Louis XV n'envoya pas assez de renforts : les soldats français se retrouvèrent à 300 contre 30 000 Anglais ! Malgré la résistance héroïque du marquis de Montcalm, la France dut donner presque tous ses territoires d'Amérique aux Anglais en 1763.

Le grand siècle de Louis XIV

Dupleix passa 35 années de sa vie en Inde. Il défendit Pondichéry et reprit Madras aux Anglais. Le Grand Moghol fit de lui un noble au cours d'une luxueuse cérémonie : un long cortège d'éléphants vint à sa rencontre et le plus petit d'entre eux s'avança, un drapeau à la trompe. C'était le cadeau du roi indien, qui faisait ainsi de Dupleix un « nabab ».

Récit

Colbert

Colbert fut un des plus grands ministres que la France ait jamais connus. Comme il aimait beaucoup travailler, il se levait tous les jours à 5 heures du matin en se frottant joyeusement les mains. On raconte même qu'il congédia une comtesse en la suppliant à genoux de bien vouloir le laisser travailler !

C'était un homme très curieux, qui admirait beaucoup les artistes et les scientifiques. Il créa l'Académie des sciences en 1666 et l'observatoire de Paris en 1667 pour observer les étoiles et mieux connaître notre univers. Il pensait aussi beaucoup au futur : inquiet que la France n'ait pas assez de bateaux pour faire la guerre à l'Angleterre, il fit planter la forêt de Tronçais dans le centre de la France. Il espérait ainsi que le royaume aurait assez de bois pour ses navires jusqu'en l'an deux mille !

Colbert était un bâtisseur : il fit moderniser Paris, rénover les routes royales et creuser des canaux comme le canal des Deux-Mers entre la mer Méditerranée et l'océan Atlantique. C'était un homme moderne pour son époque puisqu'il créa des manufactures de miroirs et de tapis.

LA RÉVOLUTION FRANÇAISE

Le siècle des Lumières

⊙ De nouvelles idées

On appela le XVIIIe siècle le siècle des « Lumières » car les sciences et les technologies firent de grands progrès à cette époque. Lavoisier inventa la chimie, James Watt, un Anglais, inventa la machine à vapeur et les frères Montgolfier firent voler les premiers ballons. Diderot rassembla toutes les connaissances de son époque dans un gigantesque ouvrage, l'*Encyclopédie*. D'autres savants et penseurs comme Montesquieu, Voltaire, Rousseau, Turgot ou Condorcet proposèrent des idées nouvelles pour organiser l'économie et la société.

Montesquieu, Diderot, Voltaire, Rousseau

⊙ Louis XVI et Turgot

À la mort de Louis XV, son petit-fils Louis XVI devint roi. Il n'avait que 20 ans et sa femme, Marie-Antoinette, était une jolie princesse autrichienne de 18 ans. Grâce à ce mariage, la France et l'Autriche firent la paix. Louis XVI était un roi bon mais faible. Il manquait de fermeté et ne parvenait pas à s'imposer. Heureusement, il était aidé de Turgot, un ministre très intelligent qui voulut moderniser la France sur le modèle de l'Angleterre et de la Hollande. On supprima les corvées et la torture fut interdite. Il voulut aussi moderniser l'économie.

◉ Les états généraux

Depuis Louis XIV, les rois de France ont gouverné seuls : c'est ce qu'on appelle l'« absolutisme », car le roi contrôlait absolument tout. Cependant, quand Louis XVI décida de convoquer les représentants de l'Église, de la noblesse et du tiers état (le reste de la population), c'est-à-dire de convoquer les états généraux, certains pensèrent que le roi voulait mieux partager son pouvoir, d'autres que cette réunion annonçait de grands changements.

Louis XVI (1774-1792), Turgot et Marie-Antoinette

La fin de la monarchie

◉ Le déclenchement de la Révolution

Beaucoup de députés du tiers état voulaient appliquer les idées des « Lumières » en France, sur le modèle de la Hollande, de l'Angleterre et de l'Amérique. Ils voulaient aussi que le roi ne décide plus seul des lois ou de qui allait en prison. Ils demandaient enfin que tous les Français soient égaux devant la loi et paient les mêmes impôts. En un mot, ils voulaient faire une révolution, c'est-à-dire une transformation rapide et brutale de la société.

La prise de la Bastille, le 14 juillet 1789

LA RÉVOLUTION FRANÇAISE

⊙ La prise de la Bastille

Les députés du tiers état, quelques hommes d'Église et quelques nobles décidèrent de former une « Assemblée nationale », qui représenterait toute la population et écrirait une Constitution pour contrôler le pouvoir du roi. Une partie des Parisiens voulut se joindre à cette Révolution en s'attaquant le 14 juillet 1789 à la prison de la Bastille où le roi pouvait faire enfermer qui il voulait, quand il le voulait et pour la durée qu'il souhaitait. L'autorité du roi fut très affaiblie par cet événement.

⊙ La nuit du 4 août

Dans la nuit du 4 août 1789, l'Assemblée nationale supprima tous les privilèges des nobles et de l'Église. Puis le 26 août, elle vota une très belle déclaration, la « *Déclaration des droits de l'homme et du citoyen* ». Ce texte affirmait que tous les hommes étaient libres et égaux devant la loi. En 1791, l'Assemblée nationale vota une Constitution, un texte qui règle la façon dont un pays est gouverné. Louis XVI restait roi mais il devait désormais respecter cette Constitution.

La Déclaration des droits de l'homme et du citoyen

La république et la Terreur

⊙ La fuite à Varennes

Louis XVI était encore très populaire, mais il se méfiait maintenant du peuple et surtout, au fond de lui, il n'acceptait pas de devoir se plier à une Constitution. Il décida alors de fuir en Autriche pour trouver le soutien de la famille de la Reine et reprendre son pouvoir absolu. On raconte que son carrosse s'arrêta à Varennes pour faire boire ses chevaux. L'hôtelier reconnut le visage du roi par la fenêtre du carrosse en le comparant au profil de Louis XVI sur la pièce de monnaie que son cocher venait de lui donner ! Louis XVI fut ramené de force à Paris. Les rois européens menacèrent d'entrer en guerre contre la France pour rétablir Louis XVI dans son pouvoir absolu.

⊙ La république naît à Valmy

La Révolution était maintenant menacée par les monarchies européennes. Les révolutionnaires créèrent une armée qui se donnait du courage en chantant un air nouveau qu'on appela *La Marseillaise*, car les soldats venus de Marseille la chantèrent en arrivant à Paris. En réalité, cette chanson de guerre avait été écrite à Strasbourg par Rouget de Lisle, un célèbre poète. Cette armée était jeune et inexpérimentée, mais elle était pleine de courage et se battait pour la liberté. Elle l'emporta à Valmy le 20 septembre 1792. Le lendemain, l'Assemblée vota la fin de la monarchie. La France devenait une république.

La Révolution française

◎ La Terreur

Louis XVI, considéré comme un traître, fut jugé. On lui coupa la tête le 21 janvier 1793. Tous les rois déclarèrent alors la guerre à la France pour la punir de ce crime. Certains Français n'acceptaient pas la mort du roi. À l'ouest de la France, en Vendée, une armée de paysans entra en guerre contre la Révolution. On les appelait les chouans. Une guerre civile débuta, qui fit plusieurs centaines de milliers de morts. Robespierre, le chef du gouvernement, décida d'exécuter tous les ennemis de la Révolution, même sans preuve. Il décréta la Terreur. Robespierre se montra si impitoyable qu'il fut finalement arrêté et décapité à son tour le 28 juillet 1794.

Récit

L'invention du mètre

Pierre Méchain

Tout le monde sait mesurer avec une règle graduée en centimètres. Chacun sait aussi que 100 centimètres font 1 mètre. Mais avant la Révolution française, le mètre n'existait pas. Selon les provinces de France, on mesurait en « toises », en « lieues », en « pouces », en « pieds », si bien que d'une région à l'autre on ne se comprenait pas forcément.

Les révolutionnaires avaient déjà créé de nouvelles provinces, les départements, et un nouveau calendrier, le calendrier révolutionnaire. En 1791, en pleine Révolution, Louis XVI donna une mission à deux astronomes, Méchain et Delambre : créer une unité de mesure pour tous les Français.

Comme ils étaient habitués à observer les planètes, ils décidèrent de calculer cette unité à partir des dimensions de la Terre. Ils décidèrent qu'il faudrait 40 millions de ces « mètres » pour faire le tour de la Terre.

Mais cela ne disait pas aux deux hommes comment mesurer le tour de la Terre… Ils comprirent que, s'ils mesuraient la France, ils pourraient mesurer la Terre et créer le mètre. Méchain partit du nord et Delambre du sud. Quand ils se rencontreraient, ils sauraient ainsi la taille de la France. Mais, avant cela, ils durent braver mille dangers. Ils traversèrent la France, en pleine Révolution, risquant la mort à chaque instant.

Grâce à leur courage, ils finirent par terminer leur long voyage au bout de six ans. Leurs calculs leur permirent de fabriquer un « mètre étalon », une longue règle d'un mètre en platine qui servira de modèle pour fabriquer tous les instruments de mesure. Aujourd'hui, presque tous les pays du monde utilisent le mètre comme unité de mesure.

Jean-Baptiste Delambre

Napoléon et l'Empire

Napoléon, Premier consul

◉ Le Directoire

Entre 1795 et 1799, la France fut dirigée par cinq « directeurs ». C'est pourquoi on appela cette période le Directoire. La France était encore en guerre contre les Autrichiens et les Anglais et remporta d'abord des victoires.

Le coup d'État du 18 brumaire

Mais, rapidement, les directeurs ne s'entendirent plus du tout. Trois d'entre eux, emmenés par Barras, essayèrent même de prendre le pouvoir, sans succès.

⊙ Bonaparte en Italie et en Égypte

Bonaparte était né en Corse en 1769. Il était petit, chétif, mais d'une rare intelligence. Plus encore, c'était un chef de guerre redoutable. Il n'avait que 25 ans quand il devint général. À la tête de son armée, il se mit alors à remporter victoire sur victoire contre les Autrichiens en Italie, si bien que l'Autriche finit par faire la paix avec la France. Puis Bonaparte se mit en tête de traverser la Méditerranée pour conquérir l'Égypte et barrer la route de l'Inde aux Anglais. Il fut finalement vaincu sur mer par la flotte de l'amiral Nelson, mais devint très populaire en France.

⊙ Le coup d'État du 18 brumaire

En 1798, les Autrichiens, les Anglais, les Italiens, les Russes et les Turcs formèrent une nouvelle alliance pour attaquer la France. Le Directoire ne savait pas quoi faire pour défendre le pays. Bonaparte revint d'Égypte en octobre 1799. Il était maintenant célèbre et fut accueilli comme un sauveur. Il fit entrer ses soldats dans l'Assemblée le 9 novembre 1799, chassa le gouvernement par la force et prit le pouvoir. C'est ce qu'on a appelé le « coup d'État du 18 brumaire » (dans le calendrier révolutionnaire, le 9 novembre s'appelait le 18 brumaire). Bonaparte dirigea dès lors la France avec le titre de consul. Aussi appela-t-on cette nouvelle période le Consulat. Elle commença par une victoire contre les Autrichiens à Marengo. En 1802, impressionnés, les Anglais signèrent la paix avec la France.

Napoléon Ier, empereur des Français

◉ Le sacre de Napoléon

Napoléon Bonaparte était maintenant très populaire. Si populaire qu'il pensa devenir l'égal d'un roi. Il se fit nommer Premier consul à vie puis décida de devenir empereur. Il ordonna au Pape de venir le sacrer car il voulait une cérémonie comme celle des rois de jadis. Cette cérémonie eut lieu le 2 décembre 1804 à la cathédrale Notre-Dame de Paris. Napoléon espérait ainsi créer une nouvelle dynastie après les Mérovingiens, les Carolingiens et les Capétiens.

◉ Napoléon réorganise la France

Napoléon était organisé et très intelligent, mais il voulait aussi tout contrôler et se montrait souvent autoritaire. Pour être sûr d'être obéi partout en France, il nomma un préfet par département, qui le représenterait. Une police secrète surveillait la population pour que personne ne dise du mal de lui. Il supprima la liberté de la presse pour contrôler ce que disaient les journaux. Il créa les lycées pour mieux contrôler l'éducation.

Napoléon fut sacré empereur en 1804 à Notre-Dame de Paris. Pour montrer sa puissance, il plaça lui-même la couronne sur sa tête puis sur celle de sa femme Joséphine, comme le montre cette peinture de David.

Napoléon et l'Empire

◉ Le Code Napoléon

Malgré cela, Napoléon fit également beaucoup pour moderniser la France. Il créa une nouvelle monnaie, le franc. Il fit rassembler toutes les lois dans un seul livre, le Code Napoléon. Son objectif était de rendre la loi unique et claire pour qu'elle soit connue de tout le monde. Ce code civil rassemble des lois qui existent encore aujourd'hui.

Les guerres napoléoniennes

⊙ Un empereur guerrier

Napoléon a été l'un des plus grands généraux de l'Histoire. Il avait une armée nombreuse et puissante qu'on appelait la Grande Armée. Pendant onze ans, la France ne connut plus un moment de paix. Les Anglais, les Prussiens et les Russes s'étaient à nouveau alliés contre la France. Napoléon battit ses ennemis, à Ulm, à Vienne puis à Austerlitz le 2 décembre 1805, une des plus grandes batailles de l'Histoire. En 1806, il vainquit les Prussiens à Iéna et envahit une grande partie de l'Europe. La France comptait à ce moment-là 130 départements et s'étendait jusqu'à l'Italie.

⊙ La guerre contre l'Angleterre, l'Espagne et la Russie

Napoléon ne parvint toutefois jamais à vaincre les Anglais. Surtout, il connut sa première défaite contre les Espagnols. Pour retrouver tout son prestige, il lança sa Grande Armée contre l'immense Empire russe. Au fur et à mesure que l'armée de Napoléon s'enfonçait dans les terres ennemies, l'armée russe s'enfuyait en brûlant tout, si bien que les soldats de Napoléon ne trouvaient que de la neige et des cendres à la place des villes et des villages. Arrivés à Moscou, Napoléon et ses hommes trouvèrent une ville vide. La Grande Armée n'avait plus de vivres et dut battre en retraite. C'est à ce moment-là que l'armée russe sortit de sa cachette pour attaquer les soldats de Napoléon. Près de 500 000 soldats moururent dans cette retraite de Russie.

Napoléon et l'Empire

◉ La fin de l'Empire

Napoléon dut créer une nouvelle armée mais elle était sans expérience et subit une très grave défaite à Leipzig en 1813. En 1814, la France fut envahie et Napoléon dut s'exiler sur l'île d'Elbe, proche de l'Italie. Pas pour longtemps. Napoléon quitta secrètement son exil et revint en France. Beaucoup de Français l'accueillirent avec enthousiasme. Il redevint empereur. Pour cent jours seulement. Vaincu en Belgique, à Waterloo, il fut ensuite envoyé à Sainte-Hélène, une île lointaine de l'Atlantique Sud où il mourut en 1821.

La Bérézina est une rivière marécageuse qui coule en Biélorussie. Le 23 novembre 1812, les russes espèrent piéger la Grande Armée de Napoléon dans ses marécages gelés. Mais les ouvriers néerlandais alliés de Napoléon parviennent à construire en hâte deux ponts, qui permettent à toute l'armée de franchir la Bérézina. Pour couper la retraite, Napoléon fait brûler les deux ponts, laissant derrière lui de nombreux retardataires. Malgré cette victoire française, la Grande Armée ne se remettra jamais de ces pertes.

RÉCIT

L'enfance de Napoléon

Alors qu'il était petit, Napoléon dut quitter la Corse pour aller à l'école loin de chez lui, à Brienne dans l'Aube. Il était malheureux car sa mère et ses huit frères et sœurs lui manquaient. Au collège ses camarades de classe se moquaient souvent de lui à cause de son accent et de son nom bizarre, qu'il prononçait « Napoléoné ». Les plus méchants l'appelaient même « la paille au nez ».

Heureusement, le petit Napoléon était fier et plein d'énergie. Un de ses professeurs le comparait même à un volcan ! Il passait beaucoup de temps à étudier, seul, dans sa chambre. Il aimait surtout lire des récits de la vie de Jules César, le général romain. C'était son héros et il voulait lui ressembler.

Napoléon était solitaire mais il se fit un ami, Bourrienne, qu'il garda toute la vie. Bourrienne a assisté à l'histoire suivante qu'il a racontée des années plus tard. C'était l'hiver. La neige était tombée dans la cour de l'école. Les enfants organisèrent des batailles de boules de neige. Napoléon commença à donner des ordres à ses camarades : « *Construisez un petit fort en neige pour nous protéger des attaques !* » Pendant plusieurs mois, les enfants du camp adverse essayèrent de s'emparer du fortin. Peine perdue. Napoléon le défendit jusqu'à ce que la neige fonde. Napoléon venait de remporter sa première victoire.

LE SIÈCLE DES RÉVOLUTIONS

De la Restauration au second Empire

◉ La Restauration

Lassés par tant de guerres et de changements brutaux, les Français voulurent à nouveau être dirigés par un roi. Ils restaurèrent donc la monarchie et c'est pour cela qu'on appelle cette période la Restauration.

Le roi Louis-Philippe (1830-1848)

Les frères de Louis XVI s'étaient enfuis à l'étranger durant cette période mais ils étaient toujours vivants. On rappela donc l'aîné, Louis XVIII, qui régna de 1815 à 1824. Le cadet, Charles X, voulut être un monarque absolu, comme les rois de jadis. Aussi fut-il chassé du pouvoir en 1830 par une révolution du peuple.

⊙ Louis-Philippe, roi des Français

Charles X fut remplacé par son cousin Louis-Philippe. C'était un roi plus moderne, qui croyait à l'égalité des citoyens devant la loi. Il ne se fit pas d'ailleurs appeler roi de France mais « roi des Français ». Pendant les 18 ans de son règne la France fut en paix et connut de grands progrès économiques. Cependant, il fut renversé en 1848 par des Français qui ne voulaient plus de roi du tout. On instaura la IIe République. Le droit de vote fut accordé à chaque homme et l'esclavage fut aboli par Victor Schœlcher. Ce nouveau régime dura moins de quatre ans.

⊙ Napoléon III et le second Empire (1851-1870)

Le président de la IIe République était un neveu de Napoléon qui s'appelait Louis-Napoléon Bonaparte. Il était nostalgique de l'Empire et fit un coup d'État le 2 décembre 1851. Il se fit alors proclamer empereur sous le nom de Napoléon III. Comme sous Napoléon, les Français connurent un régime autoritaire. Toutefois, la France se modernisa durant cette période.

Napoléon III

La révolution industrielle

◉ La France sous Napoléon III

Napoléon III préférait l'industrie à la guerre. Sous son règne, la France se modernisa. Les usines et les voies ferrées se multiplièrent. On creusa des canaux. À Paris on bâtit le grand marché des Halles. À Paris toujours, un préfet du nom d'Haussmann construisit de beaux immeubles en pierre et de larges boulevards pavés, bordés de larges trottoirs. Paris était à cette époque considérée comme la capitale du monde.

Le siècle des révolutions

⊙ De nouvelles machines, de nouveaux transports

Pendant des siècles, le travail des champs se faisait à la force des mains ou grâce à la force des animaux. À la fin du XVIIIe siècle, l'invention de la machine à vapeur bouleversa tout : en brûlant du charbon, on pouvait faire bouillir de l'eau qui produisait de la vapeur et faisait tourner les premiers moteurs. Ce changement fut une révolution. Les usines pouvaient maintenant fabriquer rapidement et pour moins cher de plus grandes quantités de produits. De nouveaux transports apparurent aussi : le train permettait de transporter rapidement les ouvriers, les soldats, les voyageurs ou le courrier. Les bateaux à vapeur traversèrent les océans.

⊙ Des conditions de vie terribles

Mais, pour extraire le charbon nécessaire à ces usines et à ces transports nouveaux, il fallait descendre dans les mines. C'était un travail rude et dangereux parce que les mines pouvaient s'effondrer d'un moment à l'autre et parce que respirer la poussière du charbon donnait de graves maladies des poumons. Les enfants étaient souvent obligés d'y travailler pour aider leurs parents à nourrir leur famille. Les ouvriers se regroupèrent pour protester contre leurs conditions de travail dans des organisations qu'on appela des syndicats. Parfois, ils faisaient grève, c'est-à-dire qu'ils arrêtaient de travailler pour protester contre le patron de la mine ou de l'usine.

Une locomotive Crampton relie Paris à Strasbourg. De conception anglaise, elle est fabriquée en France et peut atteindre les 120 km/h.

La guerre contre la Prusse

◉ La Prusse devient une menace

Depuis l'époque de Napoléon, l'Allemagne et l'Italie étaient divisées en plusieurs États. Les Italiens avaient réussi à s'unir et à former une seule nation depuis 1860. En Allemagne, deux États étaient en rivalité pour réaliser l'union des Allemands : la Prusse, dirigée par Guillaume Ier et son premier ministre Bismarck d'un côté, l'Autriche de l'autre. Les Prussiens écrasèrent les Autrichiens à Sadowa en 1866 grâce en partie à leurs chemins de fer plus rapides. Napoléon III était inquiet de voir l'Allemagne devenir si puissante et lui déclara très imprudemment la guerre.

Gambetta quitte Paris en ballon pour échapper aux Prussiens et se rendre à Tours.

Le siècle des révolutions

⊙ La perte de l'Alsace et de la Lorraine

Les Prussiens avaient une longue tradition militaire. Ils étaient mieux entraînés et presque deux fois plus nombreux que les Français. Ils envahirent rapidement l'Alsace. Pour porter secours à ses troupes, Napoléon III dirigea en personne une seconde armée vers Metz en Lorraine. À son tour, il fut forcé de reculer jusqu'à Sedan. Le 2 septembre 1870 il capitula. Vaincu, prisonnier, il n'avait plus d'autorité aux yeux des Français. Les députés proclamèrent la République le 4 septembre 1870.

⊙ Le siège de Paris et l'Armistice

Le nouveau gouvernement voulut continuer les combats mais bientôt Paris fut encerclée par les Allemands. Un ministre, Léon Gambetta, dut utiliser un ballon pour fuir la capitale et réorganiser l'armée depuis Tours. Malgré quatre mois de combats, l'armée française ne put délivrer Paris. En janvier 1871, Paris abandonna le combat. Guillaume Ier fut proclamé empereur d'Allemagne à Versailles. Un traité terrible fut signé à Francfort : en échange de la paix, la France perdait l'Alsace et la Lorraine.

Proclamation de Guillaume Ier « empereur allemand » dans la galerie des Glaces au château de Versailles, le 18 janvier 1871.

RÉCIT

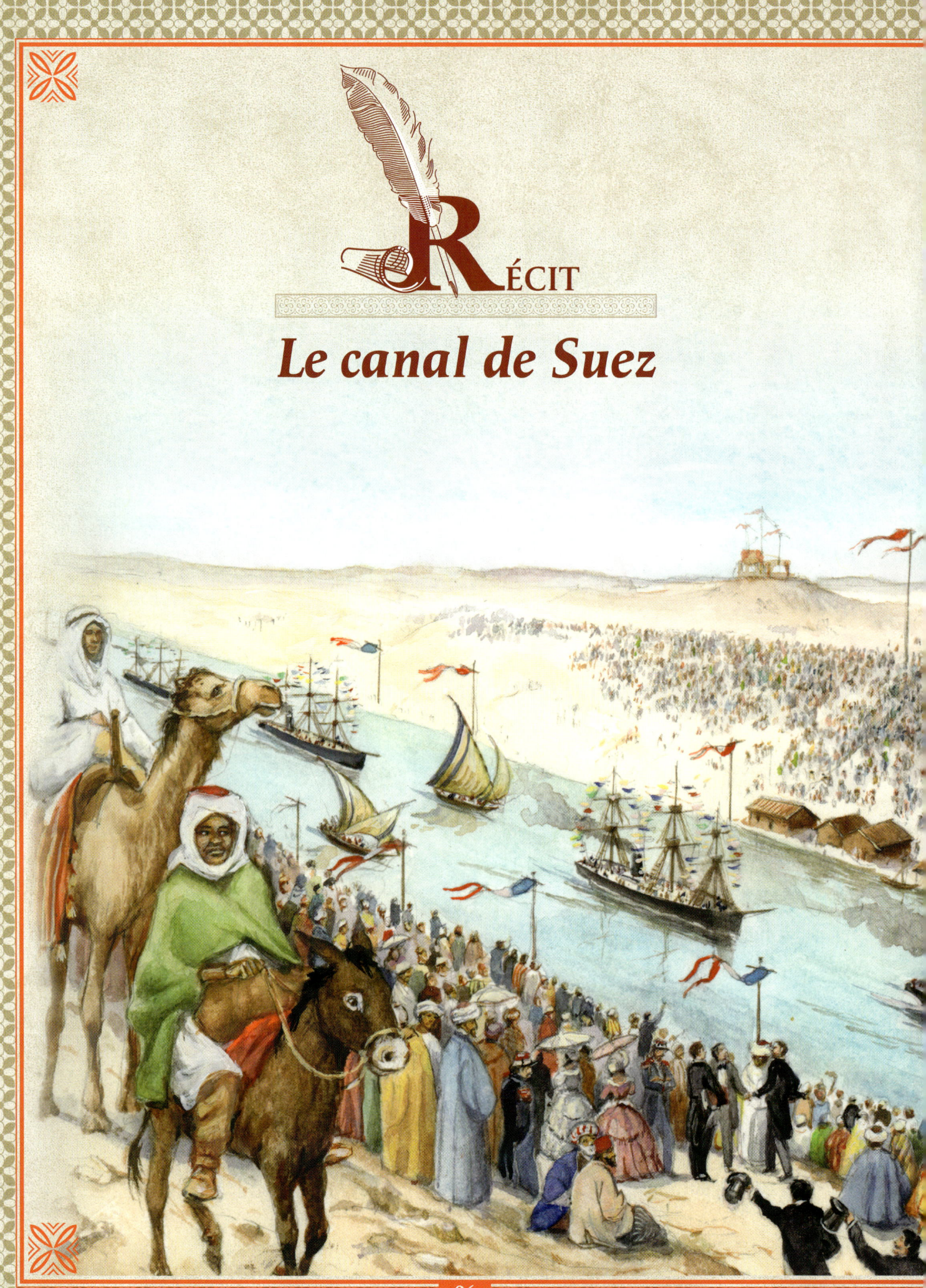

Le canal de Suez

Au XIXe siècle, de nouveaux moyens de transport se développèrent rapidement : le train et les bateaux à vapeur. S'il était possible de poser des voies ferrées sur tous les territoires, les bateaux devaient, eux, naviguer sur l'eau et contourner les terres.

Prosper Enfantin et Ferdinand de Lesseps.

C'était donc un très grand problème d'aller de Marseille jusqu'en Asie car une bande de terre séparait la mer Méditerranée de la mer Rouge. Il fallait donc contourner l'Afrique et cela pouvait prendre des mois. C'était une perte de temps et d'argent très importante pour les navires de commerce.

Pour résoudre le problème, deux Français eurent l'idée de creuser un canal dans cette bande de terre qu'on appelle l'isthme de Suez. Prosper Enfantin était ingénieur. C'est lui qui dessina les premiers plans de cette idée folle. Puis un autre Français, Ferdinand de Lesseps, commença les travaux.

Les conditions de travail étaient terribles : il fallait creuser un canal de cent kilomètres en plein désert. 20 000 paysans égyptiens armés de pioches et de seaux commencèrent le travail.
Mais il fallait boire fréquemment. On fit alors venir des milliers de tonneaux d'eau douce à dos de chameau. On utilisa ensuite des machines à vapeur pour aider les Égyptiens qui creusaient un sol aride sous le soleil.

Au bout de dix ans, en 1869, le canal de Suez fut inauguré. C'était un véritable exploit pour l'époque.

LA FRANCE RÉPUBLICAINE

Le choix de la république

⊙ La Commune

Pendant le siège de Paris, certains Parisiens voulurent faire une nouvelle révolution. En mars 1871, ils décidèrent que Paris serait indépendante de la France et serait dirigée par une « commune ». C'est pour cela qu'on les appela les communards. En mai 1871, le chef du gouvernement, Adolphe Thiers, ordonna à l'armée de reprendre la ville. Les combats durèrent sept jours. Des milliers de communards furent tués.

Adolphe Thiers

⊙ La naissance de la IIIe République

À la Chambre des députés, les royalistes étaient les plus nombreux. Ils voulaient tous le retour d'un roi mais n'arrivaient pas à se mettre d'accord sur qui choisir. Finalement, au bout de cinq ans d'incertitudes, on comprit que le seul régime stable serait la république. En 1875, on vota la Constitution de la IIIe République. En 1879, *La Marseillaise* devint l'hymne national ; le 14 juillet devint la fête nationale et les mots « Liberté, Égalité, Fraternité » la devise de la France.

⊙ La lutte contre l'Église

Jules Ferry, un ministre du gouvernement, fit voter en 1879 et 1881 des lois rendant l'école obligatoire, gratuite et laïque. C'était un grand progrès.

Mais cela signifiait aussi qu'on ne pouvait plus enseigner la religion à l'école comme avant. Cela déclencha une querelle très dure entre les Français. On décida de voter en 1905 une loi très importante qui sépara l'Église et l'État. La République décidait par cette loi que la religion devenait une affaire privée.

Jules Ferry

Un discours de Jules Ferry

La France sous la IIIe République

◉ La Belle Époque

De 1880 à 1914, les Français connurent la paix et de meilleures conditions de vie. Une grande transformation toucha les villes et les campagnes : l'électricité. Elle bouleversa tellement la vie des Français qu'on l'appela la « fée électricité ». La science, la chimie et la médecine firent de grands progrès à cette époque : Pasteur inventa le vaccin contre la rage. Plus tard, Marie Curie découvrit le radium, un métal radioactif qui permit de soigner de nombreuses maladies.

Le bois de Boulogne à la Belle Époque

La France républicaine

Henri Poincaré fit de grandes découvertes en mathématiques. Les transports furent à nouveau bouleversés par deux inventions : l'avion et la voiture. Les plus riches purent s'acheter les premières voitures pour partir en vacances à la mer ou à la montagne. Voilà pourquoi on dit que c'était la Belle Époque.

⊙ Les grands artistes français

La France était renommée pour de nombreuses inventions, mais elle était aussi connue pour ses grands artistes : de grands peintres comme Monet ou Cézanne, des musiciens comme Saint-Saëns et Fauré, des écrivains comme Zola, Maupassant ou Jules Verne. Des poètes comme Hugo, Baudelaire, Rimbaud, Verlaine écrivirent des poèmes qu'on récite encore aujourd'hui.

⊙ Paris, « Ville lumière »

Beaucoup d'entre eux vécurent à Paris. Elle était devenue plus belle, plus moderne qu'autrefois. Les rues étaient éclairées par des lampadaires électriques et de nombreux monuments furent construits à cette époque comme la gare d'Orsay ou le pont Alexandre III. En 1889, un ingénieur du nom de Gustave Eiffel construisit la tour Eiffel à l'occasion de l'Exposition universelle. C'était alors la tour la plus haute du monde. Eiffel voulait qu'elle ressemble à un phare qui éclairerait le monde entier. Paris changeait aussi sous terre. En 1900, on inaugura le « métro », un train souterrain qui permit aux 50 millions de visiteurs de l'Exposition universelle de se déplacer dans tout Paris. À l'époque Paris faisait tellement rêver qu'on la surnomma la Ville lumière.

Le temps des colonies

◉ La République agrandit son empire colonial

La France possédait déjà de nombreux territoires hors de France : l'Algérie, le Sénégal, l'Indochine, des îles comme la Réunion, l'île Maurice, Tahiti ou la Nouvelle-Calédonie, des comptoirs en Inde et même une partie de la ville de Shangaï, en Chine. La République agrandit son empire en conquérant la Tunisie, Madagascar, le Congo en Afrique et le Tonkin au nord de l'Indochine en Asie. En 1914, l'Angleterre et la France possédaient les deux plus grands empires coloniaux du monde.

◉ La vie dans les colonies

Dans l'ensemble de ses colonies, la France assura la paix. Elle construisit des routes, des chemins de fer, des ponts, des écoles et des hôpitaux modernes. Une partie de la population de ces pays en bénéficia, mais les peuples colonisés étaient encore souvent maltraités et n'avaient pas le droit de vote.

Le commandant Marchand traversa l'Afrique en 1897.

La France républicaine

◉ La rivalité avec les Anglais

Les pays d'Europe faisaient la course pour conquérir le plus de colonies possible. En 1897, le commandant Marchand partit du Congo pour rejoindre le Nil. Il traversa la forêt équatoriale avec ses hommes. En 1898, il arriva sur les bords du Nil, dans la ville de Fachoda, mais les Anglais arrivèrent au même moment et voulurent chasser les Français. Les Français acceptèrent de partir à condition que tous les pays à l'ouest du Nil appartiennent à la France. Une guerre fut évitée de justesse mais la tension était forte.

La France et l'Angleterre dominaient l'Afrique. La France possédait Madagascar, l'Afrique Occidentale Française et l'Afrique Équatoriale Française.

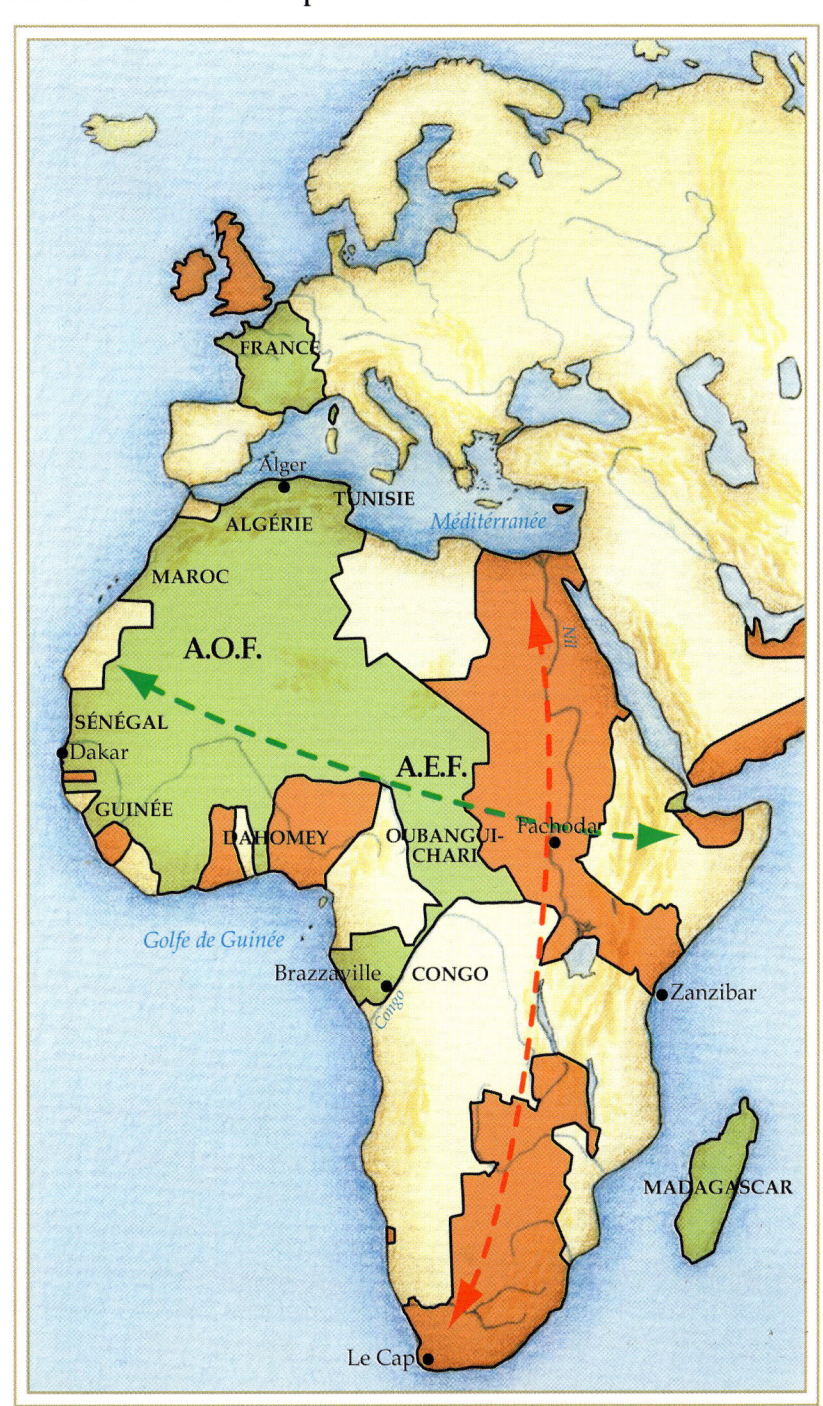

Récit

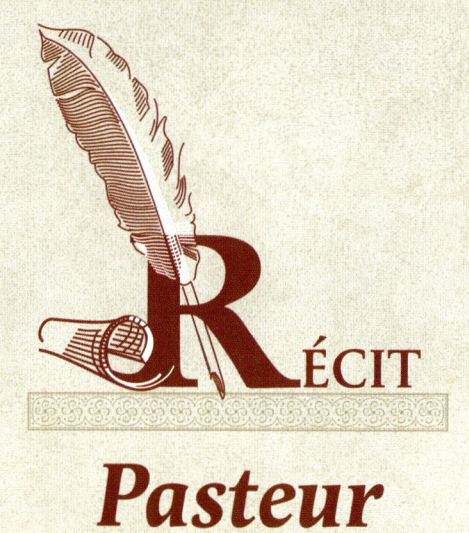

Pasteur

La rage a quasiment disparu aujourd'hui. Mais à l'époque de Pasteur, c'était encore une maladie mortelle. Au XIXe siècle, en France, beaucoup de personnes l'attrapaient en se faisant mordre par un chien errant ou un renard. Ils devenaient nerveux, agités, n'arrivaient plus à dormir. Puis ils devenaient comme fous, de la bave coulait le long de leur bouche et ils finissaient par en mourir.

Louis Pasteur était un grand savant. Il faisait de nombreuses expériences dans son laboratoire pour guérir la rage mais n'y parvenait pas. Il eut une idée en observant des moutons. Ceux-ci souffraient souvent d'une maladie, le « charbon ». On appelait cette maladie ainsi car de grosses taches noires apparaissaient alors sur leur corps.

Pasteur découvrit quelque chose d'extraordinaire : en faisant une piqûre contenant une petite quantité des microbes de cette maladie, les moutons ne pouvaient plus tomber malades. C'est ce qu'on appelle un vaccin, une piqûre qui permet de ne plus jamais avoir une maladie en apprenant à notre corps comment se défendre contre elle.

En 1881, Pasteur eut l'occasion d'expérimenter son invention. Un petit garçon alsacien de 9 ans du nom de Joseph Meister allait à l'école. Sur le chemin, un chien enragé l'attaqua et le mordit. Joseph tomba malade. Ses parents désespérés l'emmenèrent voir Pasteur. Le savant avait déjà essayé son vaccin sur des animaux mais jamais sur des humains. Il hésita beaucoup mais se décida à faire une piqûre au petit Joseph. En dix jours, l'enfant fut guéri. Cette découverte fut un immense progrès pour toute la médecine.

La Première Guerre mondiale et l'entre-deux-guerres

La guerre des tranchées

⊙ La fleur au fusil

La France voulait se venger de l'Allemagne depuis 1870 et lui reprendre l'Alsace et la Lorraine. L'Allemagne voulait de son côté prendre des colonies à la France. En juin 1914, quand le neveu de l'empire d'Autriche-Hongrie fut assassiné, la France et l'Allemagne trouvèrent enfin le prétexte pour entrer en guerre. Les Français furent presque contents de partir se battre. Ils étaient sûrs de remporter une victoire facile et rapide. Dans les gares, c'était presque une ambiance de fête. Certains soldats attachèrent même une fleur à leur fusil car c'était l'été.

⊙ La France s'en sort par miracle

Dès le début de la guerre, l'armée allemande prend le dessus. Elle contourne l'armée française et l'encercle, ce que les généraux français n'avaient pas prévu. Les Allemands sont à 40 kilomètres de Paris. Le général Gallieni a

Un taxi de la Marne

alors l'idée de la dernière chance : il fait venir tous les renforts possibles par taxi sur le champ de bataille de la Marne. Nuit et jour, les voitures amènent ainsi un million de soldats. En septembre 1914, la France remporte une grande victoire et repousse l'armée allemande.

⊙ L'enfer de Verdun

Les deux armées étaient déjà épuisées par la violence des combats. Comme ni l'une ni l'autre n'arrivait plus à avancer, elles creusèrent des trous puis des tranchées pour se cacher l'une de l'autre. Les soldats vécurent des mois dans la boue et la peur. Dès qu'ils sortaient des tranchées, les tirs ennemis les fauchaient. Le 21 février 1916, les Allemands attaquèrent Verdun. Ce fut la bataille la plus meurtrière de l'histoire de France. 150 000 hommes moururent en quelques mois de chaque côté. L'armée française résista de façon héroïque.

Au début de la guerre, les soldats français portaient des pantalons rouges. Rapidement, on changea leur tenue. Le gris permettait de mieux se camoufler dans le paysage des tranchées.

La victoire des Alliés

⦿ L'effort de guerre

Personne n'avait prévu une guerre si longue. Les mitrailleuses, les obus et les chars commencèrent bientôt à manquer. Il fallut travailler durement dans les usines pour les fabriquer. Comme les hommes étaient partis faire la guerre, les femmes et les vieillards les remplacèrent dans les usines et dans les champs. Les enfants écrivaient des poèmes et faisaient des dessins pour donner du courage à leur père sur le champ de bataille. Tout le monde faisait la guerre à sa façon.

La Grosse Bertha, un canon allemand qui pouvait tirer ses obus à près de 10 kilomètres.

⦿ De nouvelles armes

Cette guerre ne ressemblait pas aux batailles d'antan. Les savants inventèrent des machines beaucoup plus meurtrières : des chars, des avions, des obus et des gaz qui brûlaient les poumons. Louis Renault et André Citroën, qui fabriquaient des voitures, se mirent à construire des chars et des obus pour que la France puisse continuer à se battre.

Les femmes et les vieillards au travail dans les usines d'armement

LA PREMIÈRE GUERRE MONDIALE ET L'ENTRE-DEUX-GUERRES

⊙ Une guerre mondiale

Comme la France commençait à manquer de soldats, beaucoup d'hommes des colonies furent envoyés dans les tranchées, surtout les Sénégalais et les Algériens. La France perdit un allié en 1917 car la Russie arrêta la guerre, mais les États-Unis vinrent prêter main forte à la France. Avec ce renfort d'un million d'hommes et l'arrivée de Clemenceau au pouvoir, la France remporte des victoires décisives. L'Allemagne capitule. L'arrêt des combats, qu'on appelle armistice, est signé le 11 novembre 1918.

Le général Foch

Les Allemands, à droite, signent l'Armistice à Rethondes dans un wagon le 11 novembre 1914.

Une paix difficile

◉ Un terrible bilan

La Première Guerre mondiale a fait 10 millions de victimes, dont 1,4 million de Français. Dans les villages, beaucoup de femmes étaient veuves et on ne comptait plus les hommes infirmes et les enfants orphelins. Partout on érigea des monuments aux morts pour honorer le souvenir des soldats. Pour les Allemands, c'était pire encore : ils devaient rendre l'Alsace et la Lorraine à la France et payer chaque année à la France de quoi réparer les dégâts. Totalement ruinés, ils ne pensèrent plus alors qu'à se venger.

◉ Les « Années folles »

Pour oublier la guerre, beaucoup de gens se mirent à faire la fête et à dépenser sans compter. La radio arriva dans les maisons. Elle diffusait une nouvelle musique américaine, le jazz. Le cinéma se développa aussi et connut un grand succès.

Une image de propagande montre Lénine faisant un discours aux ouvriers.

La Première Guerre mondiale et l'entre-deux-guerres

Même si le travail était dur dans les usines, les ouvriers gagnaient mieux leur vie et découvrirent des sports comme le vélo ou la boxe. À partir de 1936, ils obtinrent même des congés payés et purent voir la mer pour la première fois.

⊙ Le temps des menaces

Les Allemands étaient ruinés par la guerre. Un homme leur promit de les venger, de leur rendre leur puissance et de chasser les Juifs qui étaient selon lui responsables de tous les malheurs de l'Allemagne. C'était

Hitler lors d'un défilé à Nüremberg

un mensonge mais les Allemands étaient tellement désespérés qu'ils votèrent pour cet homme du nom d'Adolf Hitler. Il transforma son pays en une dictature. Hitler entraîna l'Allemagne dans sa folie destructrice. Les Russes étaient eux aussi très pauvres. Un homme leur promit de prendre l'argent des riches pour le distribuer à tout le monde. Il s'appelait Lénine. Comme il voulait mettre les richesses en commun, on appelait ses partisans les communistes. Le peuple russe le crut et fit la révolution. Les riches paysans furent massacrés et le pays se transforma bientôt lui aussi en une dictature.

Récit

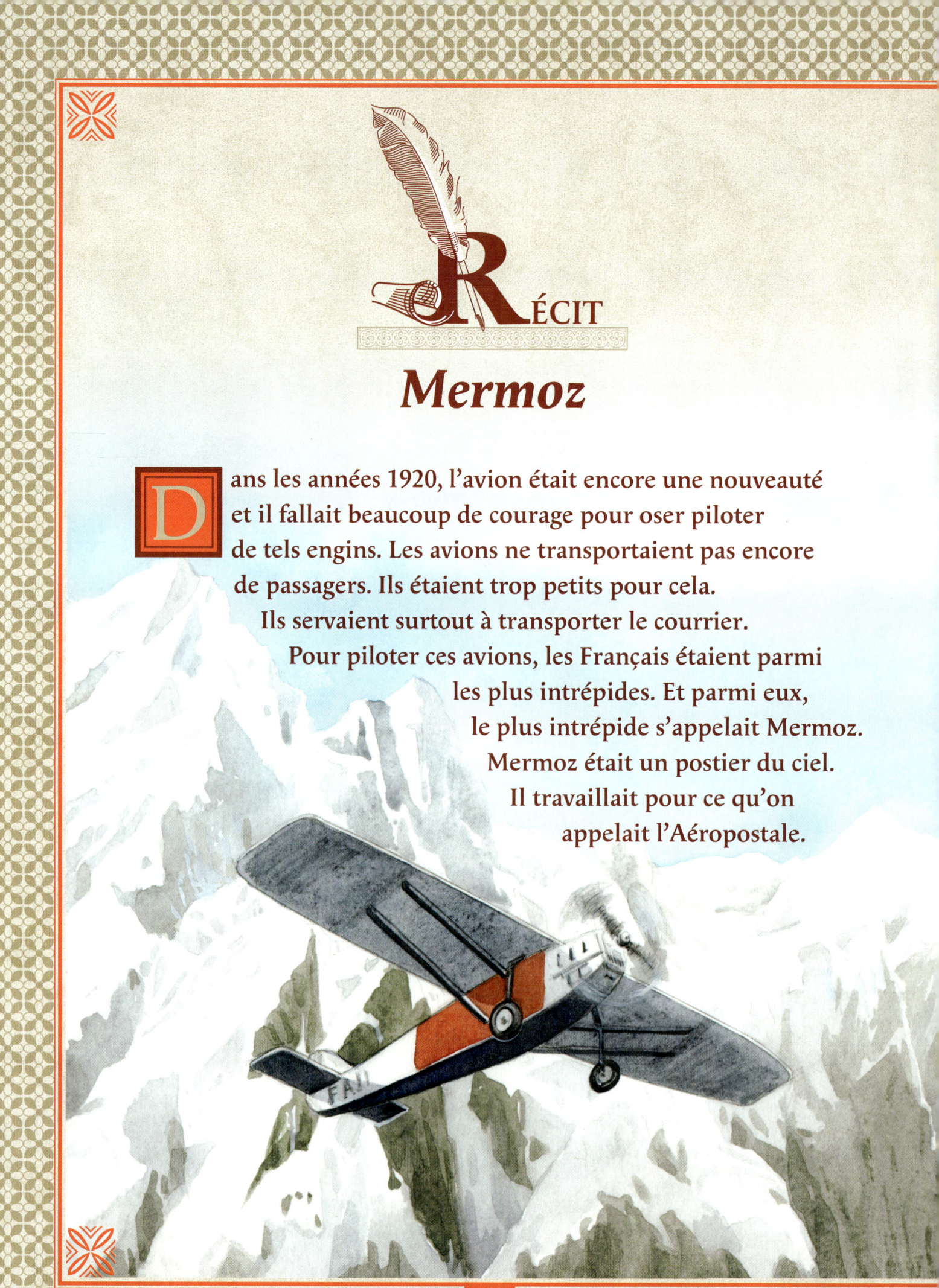

Mermoz

Dans les années 1920, l'avion était encore une nouveauté et il fallait beaucoup de courage pour oser piloter de tels engins. Les avions ne transportaient pas encore de passagers. Ils étaient trop petits pour cela. Ils servaient surtout à transporter le courrier. Pour piloter ces avions, les Français étaient parmi les plus intrépides. Et parmi eux, le plus intrépide s'appelait Mermoz. Mermoz était un postier du ciel. Il travaillait pour ce qu'on appelait l'Aéropostale.

Il était beau, svelte, intelligent, loyal et sincère. Le 21 novembre 1928, il fut le premier à survoler la cordillère des Andes pour transporter le courrier du Chili jusqu'en Argentine.

C'était une vraie folie : la cordillère des Andes est une immense chaîne de montagnes qui s'élèvent à 6 000 mètres d'altitude. Or, l'avion de Mermoz ne pouvait pas voler à plus de 5 500 mètres d'altitude.

Il attendit qu'un courant d'air chaud soulève son appareil et il parvint à passer. Mais bientôt, une bourrasque de vent glacé rabattit son avion et le fit atterrir entre deux montagnes. Pendant deux jours et deux nuits, Mermoz et son mécanicien Collenot furent prisonniers de la neige et de la glace. Tout le monde en Argentine les croyait morts. Mais ils ne l'étaient pas. N'écoutant que leur courage, ils utilisèrent leurs vêtements pour réparer l'avion malgré le froid terrible qui gelait leurs doigts et leurs visages. Enfin, ils furent prêts à repartir.

Ils firent reculer l'avion de cent mètres pour prendre de l'élan. Collenot lança l'hélice et courut pour sauter dans l'avion. Puis il cacha son visage dans son blouson car il avait trop peur de regarder ! L'avion prit de la vitesse, fit trois bonds sur des plates-formes rocheuses puis s'envola comme par miracle. Mermoz et Collenot avaient réussi ! Quand ils atterrirent, ils furent fêtés comme des héros.

Plus tard, Mermoz fut le premier pilote à traverser l'Atlantique sans escale. Malheureusement il mourut dans un accident d'avion à 35 ans.

LA SECONDE GUERRE MONDIALE

La défaite de la France

⊙ La « drôle de guerre »

La France savait que l'Allemagne chercherait à se venger de la Première Guerre mondiale. Pour se protéger, on construisit un long tunnel fortifié à la frontière qui s'appela la « ligne Maginot ».

L'Exode de 1940

Quand la guerre se déclencha, en septembre 1939, les Français se croyaient protégés et préférèrent attendre les Allemands plutôt que de les attaquer. Pendant plusieurs mois, il n'y eut presque pas de combat. C'est pourquoi on appelle cette période la « drôle de guerre ».

⊙ La défaite et l'exode

Au printemps 1940, l'armée d'Hitler envahit les Pays-Bas et la Belgique et contourna la ligne Maginot. L'armée française fut encerclée et battue en quelques semaines par l'armée allemande, qui était plus rapide et qui utilisait mieux ses chars et ses avions. Beaucoup pensaient que l'armée française était la meilleure du monde et ce fut une terrible défaite. Des milliers de Français s'enfuirent sur les routes pour échapper à l'avancée allemande. C'est ce qu'on appela l'exode.

⊙ L'Armistice

Dans la panique, on confia le pouvoir au maréchal Pétain, le vainqueur de la bataille de Verdun. Il était aimé des Français mais très âgé. Il signa l'Armistice avec Hitler le 10 juin 1940. Hitler exigea que la France soit coupée en deux : il occupa le nord avec ses soldats et sa police, la Gestapo. Le sud était sous contrôle du maréchal Pétain, qui installa son gouvernement à Vichy. Dès le 18 juin 1940, un général français lança depuis Londres un appel à la résistance contre le gouvernement du maréchal Pétain. Il s'appelait Charles de Gaulle.

Le Maréchal Pétain choisit de collaborer avec Hitler.

Collaboration ou Résistance

◉ La collaboration

Le maréchal Pétain n'aimait pas la IIIe République. Il y mit fin, supprima les partis politiques et les syndicats et instaura un régime autoritaire. Il remplaça la devise de la France par « Travail, Famille, Patrie ». Il partageait une partie des idées d'Hitler et décida de collaborer avec l'Allemagne. Il ordonna que les Juifs portent une étoile jaune pour qu'on les reconnaisse et la police française aida la Gestapo à les arrêter pour les envoyer dans des camps où beaucoup furent tués.

◉ La Résistance

Certains Français ne supportaient pas la défaite. D'autres ne voulaient pas collaborer avec Hitler. Ils prirent le nom de résistants. Le général de Gaulle appela tous ceux qui le pouvaient à le rejoindre à Londres pour recréer une armée. Une partie des résistants resta en France pour créer de petits groupes armés qui faisaient des attentats contre les Allemands ou aidaient les Juifs à s'enfuir.

Le Général de Gaulle encouragea les actes de résistance en s'exprimant à la radio anglaise à partir du 18 juin 1940.

La Seconde Guerre mondiale

Le départ vers les camps de la mort

⊙ La vie des Français sous l'Occupation

Beaucoup de Français ne savaient pas quel camp choisir car ils avaient peur des Allemands qui torturaient et exécutaient les résistants. Certains voulaient collaborer et dénonçaient même leurs voisins juifs auprès de la Gestapo. D'autres aidèrent les Juifs à se cacher ou à s'enfuir à l'étranger. Pour tous la vie était très dure car la France donnait une grande partie de ses richesses et de sa nourriture aux Allemands. Il était très difficile de se nourrir correctement et les Français souffrirent beaucoup pendant cette période.

La Libération

⊙ Le tournant de la guerre

Le 8 novembre 1942, des soldats anglais et américains débarquèrent en Afrique du Nord. Le général Giraud, un résistant, avait pris le pouvoir sur ces territoires. Ce qu'il restait de l'armée française, commandé par les généraux Juin et De Lattre de Tassigny, les Anglais et les Américains chassèrent les Allemands d'Afrique du Nord puis remontèrent vers la France en passant par l'Italie. Pendant ce temps, l'armée d'Hitler subissait une terrible défaite en URSS, à Stalingrad. Les Allemands, qui jusque-là n'avaient connu que des victoires, ne subirent plus ensuite que des défaites.

Le débarquement du 6 juin 1944

LA SECONDE GUERRE MONDIALE

⊙ Le débarquement

Les Allemands avaient prévu que les Américains arriveraient par les mers et surveillaient les côtes françaises nuit et jour. Le matin du 6 juin 1944, les soldats allemands postés en Normandie eurent la surprise de voir des centaines de bateaux à l'horizon. L'immense armée américaine emmenée par le général Eisenhower arrivait enfin ! Ce débarquement fut terrible pour l'armée américaine car les Allemands avaient piégé les plages normandes. Mais grâce au courage de ses soldats, elle put débarquer. Ensuite, avec l'aide de la 2e division blindée du général Leclerc, elle parvint à repousser l'armée allemande. Le 26 août 1944, cette « 2e DB » entra dans Paris où De Gaulle fut accueilli triomphalement.

Paris libérée par les alliés (1944)

⊙ La victoire des Alliés

Les Allemands furent pris entre les Américains à l'ouest et les Soviétiques à l'est. Bientôt Berlin fut encerclée. Hitler préféra se suicider plutôt que de subir la défaite. L'Allemagne capitula le 8 mai 1945. On découvrit alors ce qu'Hitler avait fait des Juifs : il en avait fait tuer 6 millions dans des camps. Les rares survivants étaient faibles, maigres et malades. Ces atrocités bouleversèrent le monde entier. Mais le Japon, allié des Allemands, ne voulait pas se rendre. Pour forcer la victoire, les Américains larguèrent deux bombes nucléaires sur Hiroshima et Nagasaki, dont presque tous les habitants furent tués. Il y eut des milliers de morts. Le Japon capitula le 2 septembre 1945, ce qui mit fin à la Seconde Guerre mondiale.

La libération des camps de concentration

Récit

L'évasion de Giraud

Quand le général Giraud fut fait prisonnier par les Allemands au début de la guerre, il avait déjà 63 ans. Blessé à la jambe, il n'avait pourtant qu'une idée en tête : s'évader, rejoindre ses soldats et résister aux Allemands. Mais les Allemands avaient pris leur précaution et enfermé le général Giraud dans une tour de château haute comme un immeuble de 15 étages, en Allemagne.

Le courageux général ne renonça pas à son idée. Comme il avait le droit d'écrire à sa femme, il en profita pour lui envoyer un message codé. Elle le comprit et lui expédia tout ce dont il avait besoin pour préparer son évasion : des chaussures, un pantalon, une veste, une fausse carte d'identité, une boussole et même un chapeau tyrolien, gris avec une plume de faisan, comme on en porte dans certaines régions allemandes.

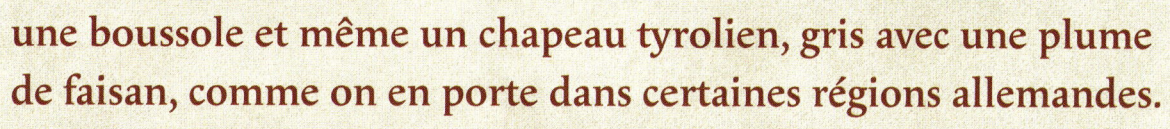

Toutes les nuits, le général fabriquait une longue corde pour descendre les 40 mètres de sa tour. Au bout d'un an elle fut assez longue. Cela laissa le temps à Giraud d'apprendre l'Allemand. Ainsi, il pourrait facilement répondre à des questions s'il croisait des habitants au cours de son évasion et ne serait pas démasqué.

Le 17 avril 1942 il attendit que le garde ait fini sa ronde. À neuf heures, il passa par sa fenêtre, solidement attaché à sa corde tressée. Deux de ses compagnons le firent descendre le long de la paroi. Arrivé au sol, Giraud rasa sa moustache et mit son chapeau tyrolien. Il était libre ! Ni vu ni connu, il traversa le pays et rejoignit la France, puis Alger où il prit le commandement de l'armée d'Afrique. Les Allemands étaient furieux et ils avaient raison : Giraud prépara les victoires de Corse et d'Italie et le débarquement en Provence.

LA FRANCE DEPUIS 1945

La période de la Libération (1944-1946)

⊙ La Libération

En 1945, la France était en ruine. Elle était aussi très proche de la guerre civile entre résistants et collaborateurs. Les résistants jugèrent et punirent les collaborateurs. Ce fut une période violente en France. Mais ce fut aussi une période d'optimisme. La France était libérée. Elle redevint une république. Une nouvelle Constitution fut rédigée et adoptée, la Constitution de la IVe République.

⊙ La paix mondiale

Comme beaucoup d'atrocités avaient été commises durant cette guerre, les grands pays vainqueurs décidèrent de créer une organisation qui garantirait la paix dans le monde. On la nomma ONU, Organisation des Nations unies. On jugea aussi les Allemands qui avaient participé aux crimes contre les Juifs au cours du procès de Nuremberg. Beaucoup furent condamnés à mort pour crime contre l'humanité.

⊙ La guerre froide

Alliés contre Hitler, les Américains et les Soviétiques furent proches de se faire la guerre pendant près de 50 ans. C'est pourquoi on appela cette période la guerre froide. Le monde fut divisé en deux camps.

La chute du Mur de Berlin le 9 novembre 1989

    L'Allemagne fut coupée en deux parties, la RFA, du côté américain, et la RDA, du côté soviétique. Un mur gardé par des soldats est-allemands sépara même Berlin en deux pendant presque 30 ans. Mais, en novembre 1989, de grandes manifestations obligent le gouvernement de RDA à démissionner. Le 9 novembre, on annonce que les habitants de Berlin-Est sont libres d'aller à Berlin-Ouest. La foule s'attaque au Mur. La France était alliée des Américains mais conserva de bonnes relations avec l'URSS car elle était soucieuse de son indépendance.

La construction de l'Europe

⊙ Les pères de l'Europe

La France décida de faire la paix avec l'Allemagne une fois pour toutes. Les Français Jean Monnet, l'Italien De Gasperi et l'Allemand Adenauer proposèrent que les pays européens mettent en commun leurs richesses. En 1954, on créa la Communauté du charbon et de l'acier car on pensa qu'en mettant en commun leurs productions, les grands pays n'auraient plus intérêt à se faire la guerre.

Jean Monnet

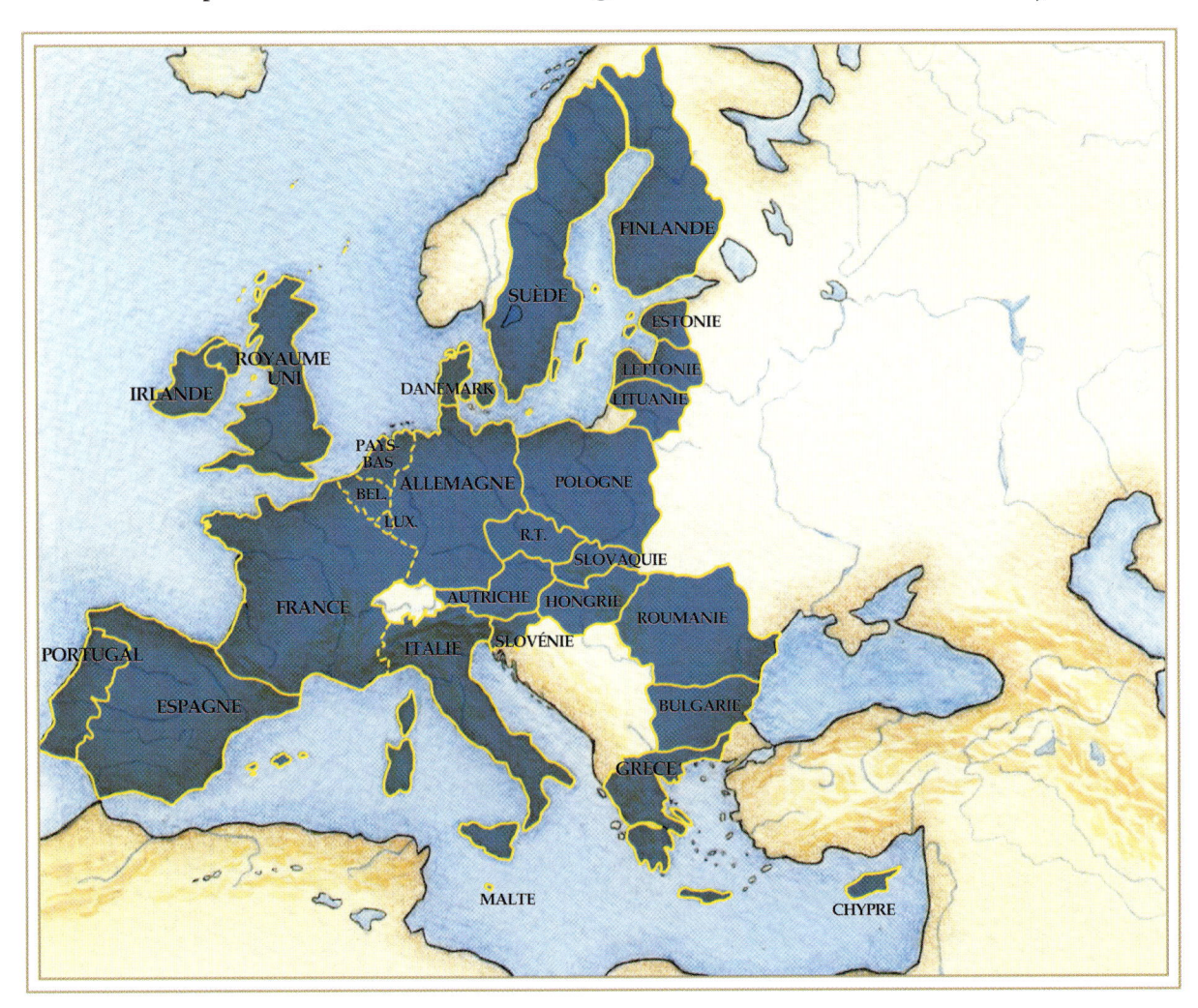

L'Union européenne n'a cessé de s'étendre. Elle compte aujourd'hui 27 pays et 400 millions d'habitants. C'est une zone en paix depuis plus de 60 ans et qui représente près du tiers des richesses mondiales.

LA FRANCE DEPUIS 1945

⊙ La création de la CEE et son développement

En 1957, les pays européens allèrent plus loin et créèrent une véritable communauté de pays, la CEE, Communauté économique européenne. À l'origine, cette union européenne regroupait six pays : la France, la RFA, l'Italie, la Belgique, les Pays-Bas et le Luxembourg. Rapidement, elle compta neuf membres puis douze en 1986.

⊙ L'Union européenne

En 1992, les pays d'Europe voulurent aller encore plus loin et créer une véritable Union européenne sans frontière et avec une monnaie commune. Aujourd'hui, l'Union européenne regroupe 27 pays dont beaucoup partagent cette monnaie commune, l'euro. Les Européens partagent aussi un drapeau : un cercle de douze étoiles dorées sur un fond bleu.

Le Parlement européen à Strasbourg

Vers le XXIe siècle

⊙ La modernisation de la France

En quelques années, la France s'est beaucoup modernisée. Beaucoup de paysans sont venus vivre dans les villes ou dans leurs banlieues. De grandes industries comme l'industrie textile ou l'industrie du charbon ont disparu. En revanche les femmes ont été de plus en plus nombreuses à travailler et de nouveaux emplois ont été créés dans les bureaux. La France s'est beaucoup enrichie entre 1945 et 1973.

⊙ Une démocratie stable

Durant cette période, la France a rendu leur liberté à la plupart de ses colonies. D'autres, comme l'Algérie, se sont battues pour retrouver leur indépendance. Dans cette période, le général de Gaulle a proclamé la Ve République, un régime stable et démocratique où le président de la République a davantage de pouvoirs. C'est toujours aujourd'hui le régime de la France.

⊙ Les transformations de la vie quotidienne

Aujourd'hui, nous ne faisons plus seulement les courses au marché mais dans de grands centres commerciaux et nous n'y allons pas à pied mais en voiture. Pour conserver la nourriture, on utilise des réfrigérateurs ou des congélateurs. Pour communiquer, on ne s'écrit plus de lettres mais on se téléphone et les ordinateurs nous permettent de savoir ce qui se passe dans le monde entier en quelques secondes. On se déplace plus vite, en TGV par exemple.

LA FRANCE DEPUIS 1945

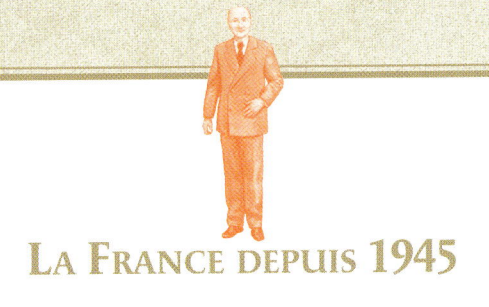

On se déplace plus loin, jusqu'à la Lune et au-delà. On vit plus longtemps grâce aux progrès de la médecine. L'Europe et la France ont plus changé en un siècle que durant les dix siècles précédents.

La France vue de l'espace

Récit

Jean-Loup Chrétien, le premier spationaute

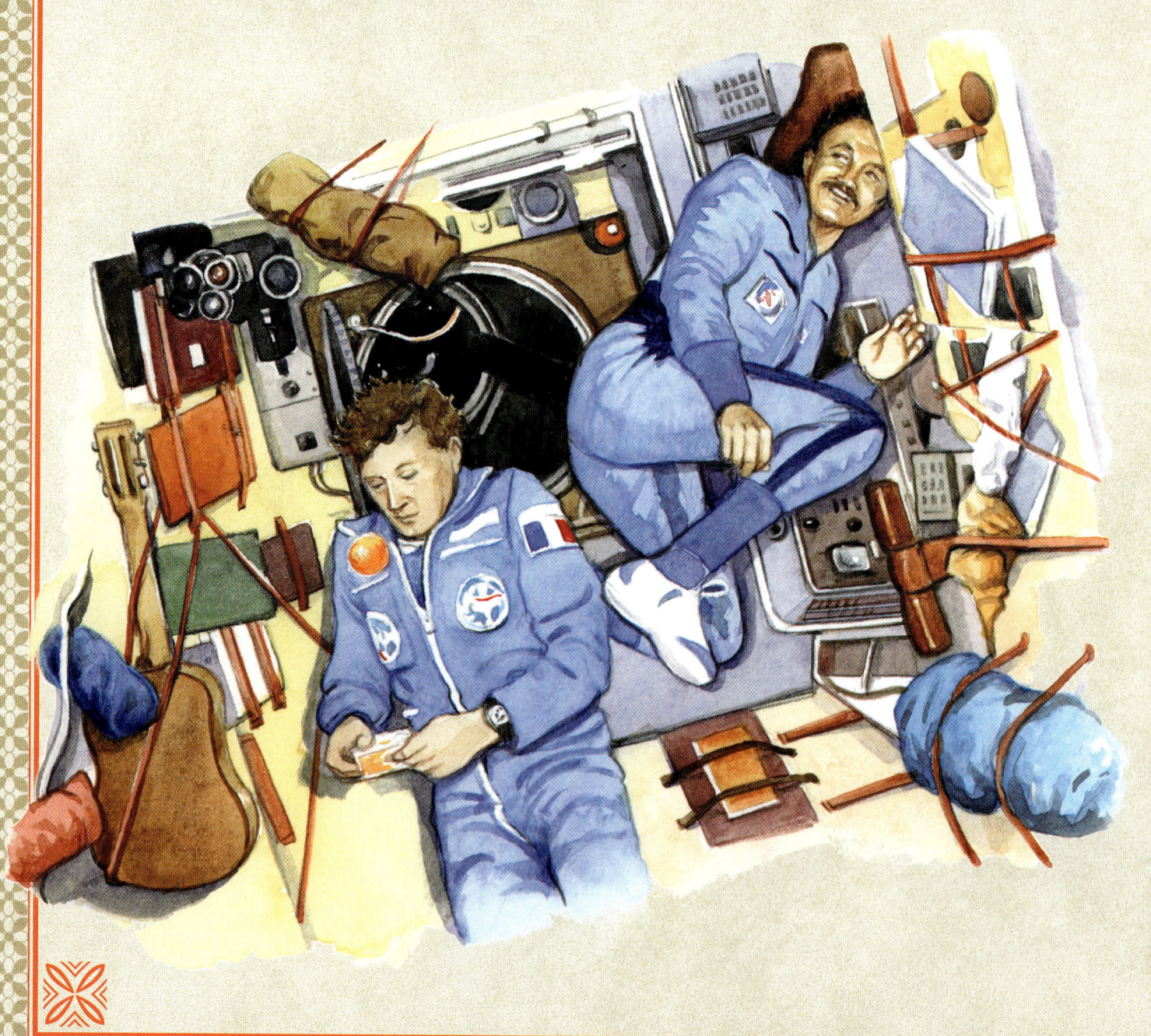

Les vols spatiaux sont longtemps restés rares et dangereux. Seuls les Américains et les Soviétiques allaient dans l'espace. En 1979, le Président Valéry Giscard d'Estaing décida qu'un Français irait à son tour dans l'espace car il pensait que la France devait être présente dans toutes les aventures modernes.

Jean-Loup Chrétien

On sélectionna deux hommes, Jean-Loup Chrétien et Patrick Baudry, tous les deux militaires. Ils partirent ensemble à la Cité des étoiles en URSS, une base d'entraînement. Là, ils apprirent le dur métier de cosmonaute : astronomie, physique, mécanique et russe — car ils devaient communiquer avec les hommes qui allaient les accompagner dans l'espace.

En septembre 1981, les Soviétiques choisirent Jean-Loup Chrétien. Patrick Baudry était lui aussi en forme excellente et on décida que, plus tard, il volerait dans l'espace. C'est pourquoi les deux hommes suivirent la deuxième année d'entraînement ensemble. Le programme était encore plus dur : entraînement au vol en apesanteur, sauvetage en mer, fausses pannes.

Le 24 juin 1982, le vol spatial décolle enfin. Jean-Loup Chrétien est le premier Français dans l'espace ! Les Soviétiques se font appeler cosmonautes, les Américains, astronautes. Mais comment appeler un Français dans l'espace ? On choisit le mot spationaute. Jean-Loup Chrétien est donc le premier spationaute et la France le troisième pays à envoyer des hommes dans l'espace. Depuis, Patrick Baudry et sept autres Français ont fait cet incroyable voyage.

Les dynasties françaises

De la naissance du royaume des Francs à la Révolution Française, la France a été dirigée par des rois pendant treize siècles. C'était un royaume héréditaire, c'est-à-dire que le pouvoir se transmettait de père en fils et uniquement de père en fils, selon la vieille loi des Francs. Durant cette période, trois grandes familles se sont succédées au pouvoir, c'est-à-dire trois « dynasties » :
– la dynastie mérovingienne, du nom de Mérovée, le premier roi légendaire des Francs ;
– la dynastie carolingienne, du nom latin de Charlemagne ;
– la dynastie capétienne, du nom d'Hugues Capet, le premier roi de la lignée. Cette dynastie s'est divisée en trois branches : les Capétiens, les Valois et les Bourbons.

Vous trouverez dans les pages qui suivent l'arbre généalogique des rois de France, c'est-à-dire leur succession dans l'ordre chronologique avec leurs dates de règne et les branches qui indiquent leurs liens familiaux.

Clovis Ier a régné
Date de naissance
Dates de règne

Les Mérovingiens

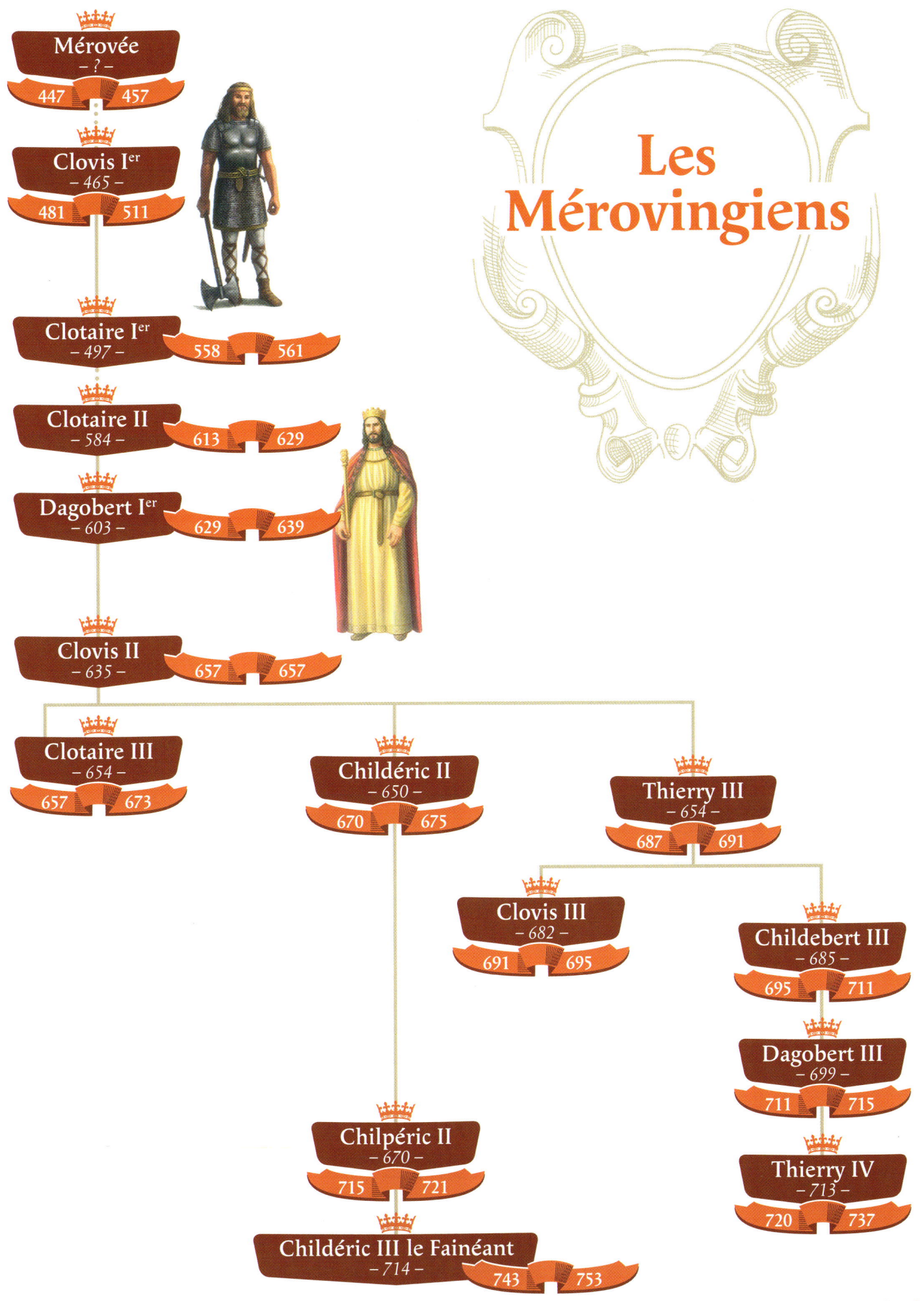

- **Mérovée** – ? – (447–457)
- **Clovis Ier** – 465 – (481–511)
- **Clotaire Ier** – 497 – (558–561)
- **Clotaire II** – 584 – (613–629)
- **Dagobert Ier** – 603 – (629–639)
- **Clovis II** – 635 – (657–657)
  - **Clotaire III** – 654 – (657–673)
  - **Childéric II** – 650 – (670–675)
    - **Chilpéric II** – 670 – (715–721)
      - **Childéric III le Fainéant** – 714 – (743–753)
  - **Thierry III** – 654 – (687–691)
    - **Clovis III** – 682 – (691–695)
    - **Childebert III** – 685 – (695–711)
      - **Dagobert III** – 699 – (711–715)
        - **Thierry IV** – 713 – (720–737)

Les Carolingiens

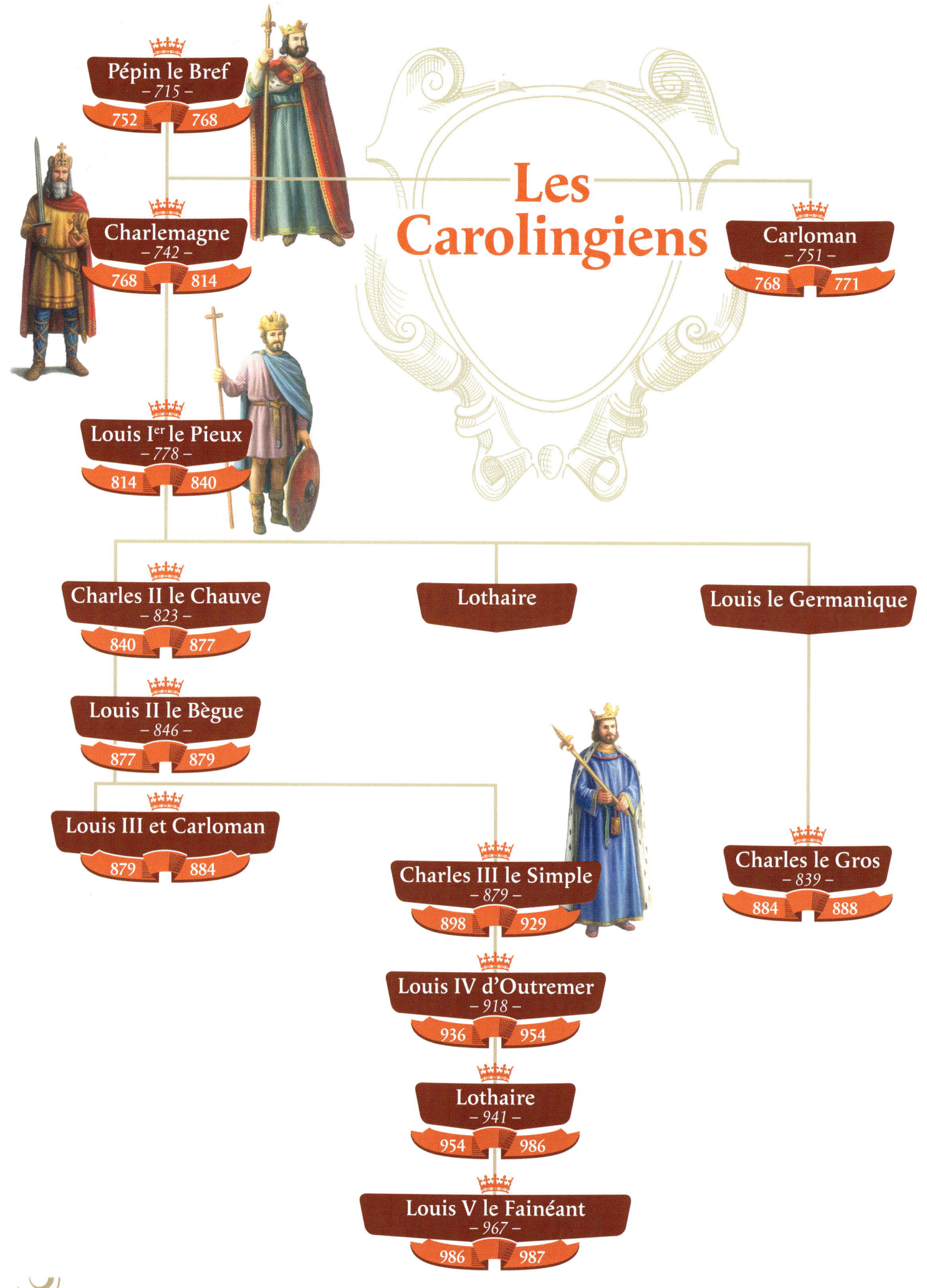

- **Pépin le Bref** – 715 – (752–768)
  - **Charlemagne** – 742 – (768–814)
    - **Louis Ier le Pieux** – 778 – (814–840)
      - **Charles II le Chauve** – 823 – (840–877)
        - **Louis II le Bègue** – 846 – (877–879)
          - **Louis III et Carloman** (879–884)
      - **Lothaire**
      - **Louis le Germanique**
        - **Charles le Gros** – 839 – (884–888)
  - **Carloman** – 751 – (768–771)

- **Charles III le Simple** – 879 – (898–929)
  - **Louis IV d'Outremer** – 918 – (936–954)
    - **Lothaire** – 941 – (954–986)
      - **Louis V le Fainéant** – 967 – (986–987)

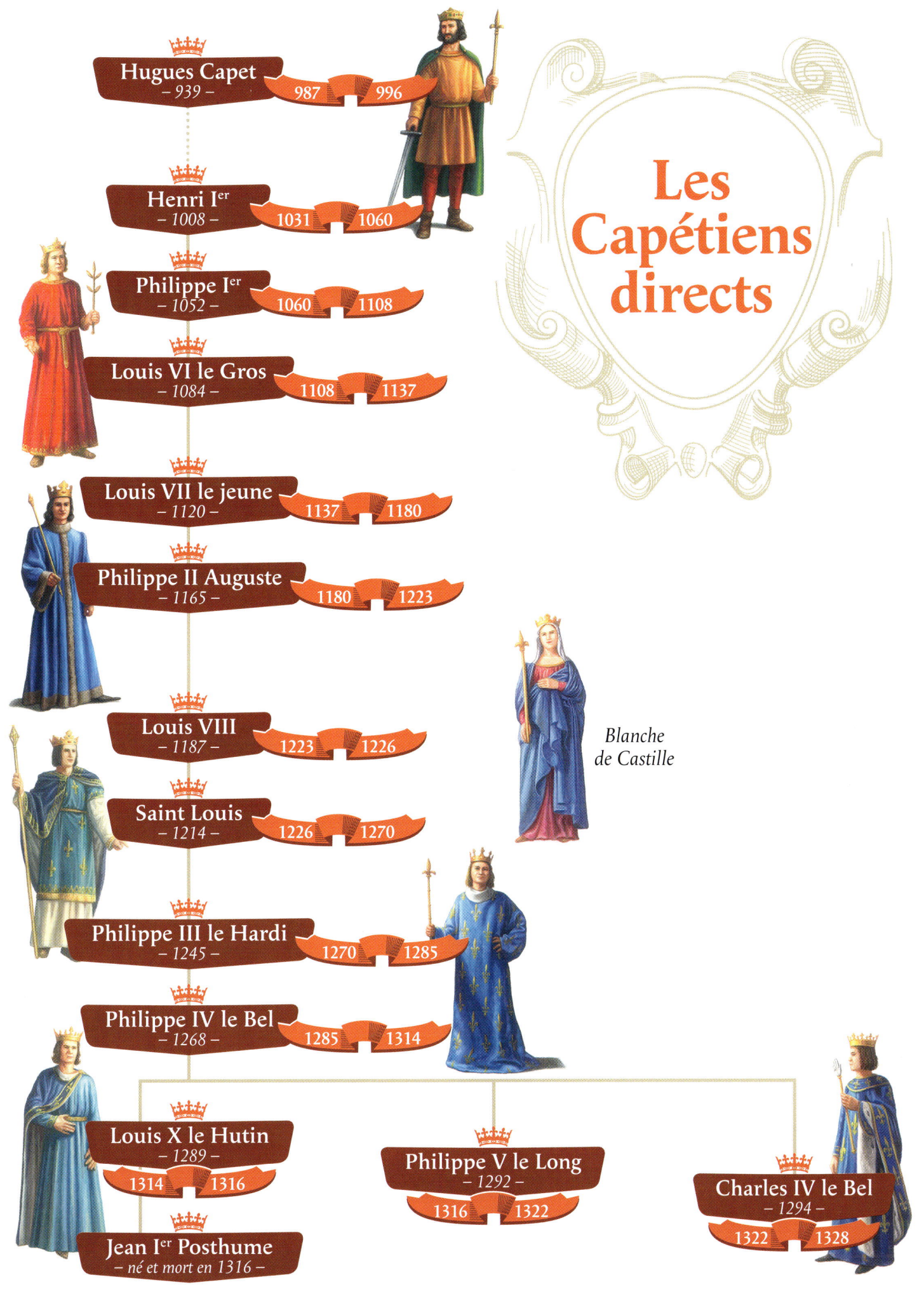

Les Capétiens directs

- **Hugues Capet** – 939 – | 987 – 996
- **Henri Ier** – 1008 – | 1031 – 1060
- **Philippe Ier** – 1052 – | 1060 – 1108
- **Louis VI le Gros** – 1084 – | 1108 – 1137
- **Louis VII le jeune** – 1120 – | 1137 – 1180
- **Philippe II Auguste** – 1165 – | 1180 – 1223
- **Louis VIII** – 1187 – | 1223 – 1226
- **Saint Louis** – 1214 – | 1226 – 1270
- **Philippe III le Hardi** – 1245 – | 1270 – 1285
- **Philippe IV le Bel** – 1268 – | 1285 – 1314
  - **Louis X le Hutin** – 1289 – | 1314 – 1316
    - **Jean Ier Posthume** – né et mort en 1316 –
  - **Philippe V le Long** – 1292 – | 1316 – 1322
  - **Charles IV le Bel** – 1294 – | 1322 – 1328

Blanche de Castille

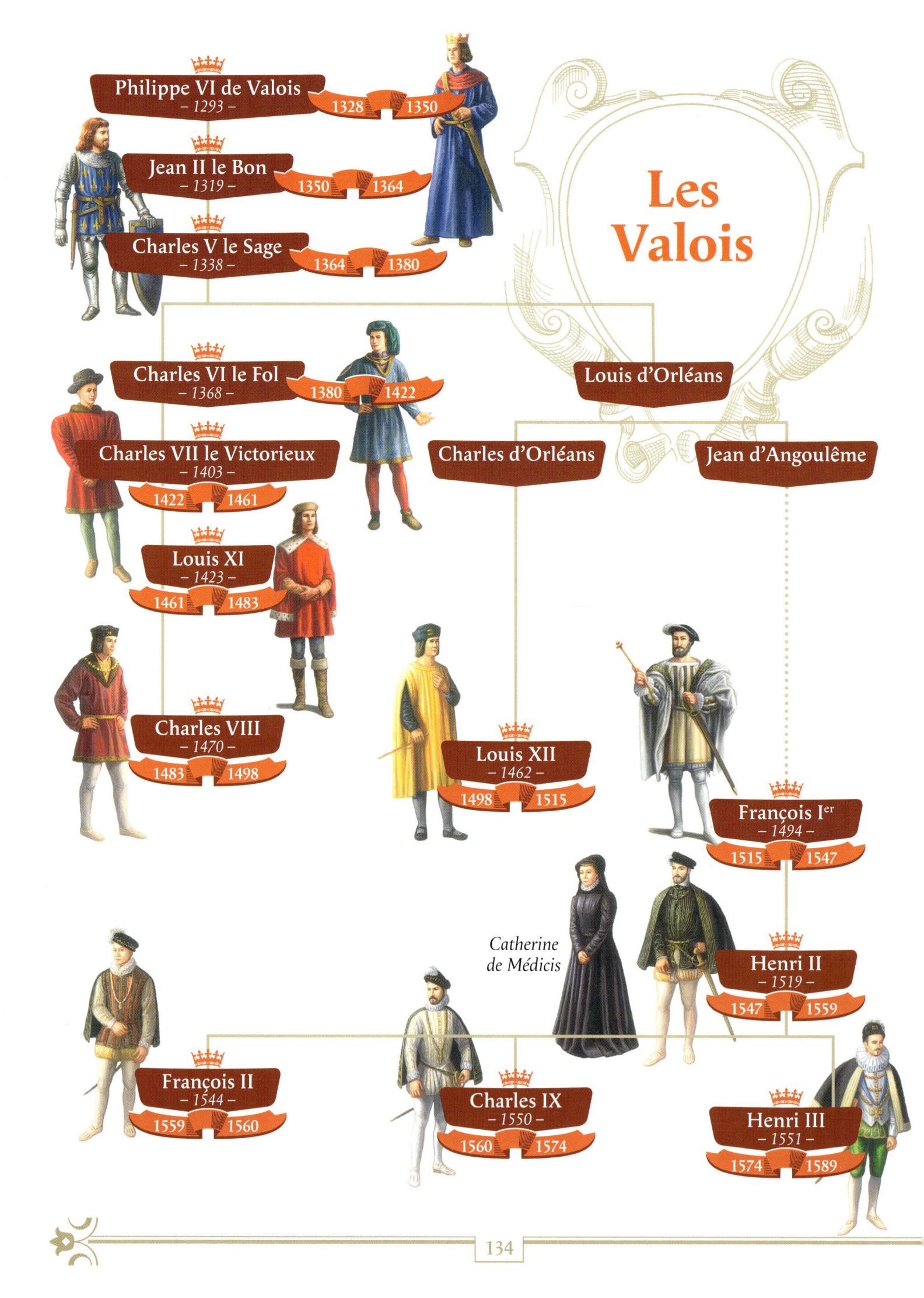

Les Valois

- **Philippe VI de Valois** – 1293 – | 1328 – 1350
- **Jean II le Bon** – 1319 – | 1350 – 1364
- **Charles V le Sage** – 1338 – | 1364 – 1380
- **Charles VI le Fol** – 1368 – | 1380 – 1422
- **Charles VII le Victorieux** – 1403 – | 1422 – 1461
- **Louis XI** – 1423 – | 1461 – 1483
- **Charles VIII** – 1470 – | 1483 – 1498

- **Louis d'Orléans**
  - **Charles d'Orléans**
    - **Louis XII** – 1462 – | 1498 – 1515
  - **Jean d'Angoulême**
    - **François Ier** – 1494 – | 1515 – 1547
    - *Catherine de Médicis*
    - **Henri II** – 1519 – | 1547 – 1559
      - **François II** – 1544 – | 1559 – 1560
      - **Charles IX** – 1550 – | 1560 – 1574
      - **Henri III** – 1551 – | 1574 – 1589

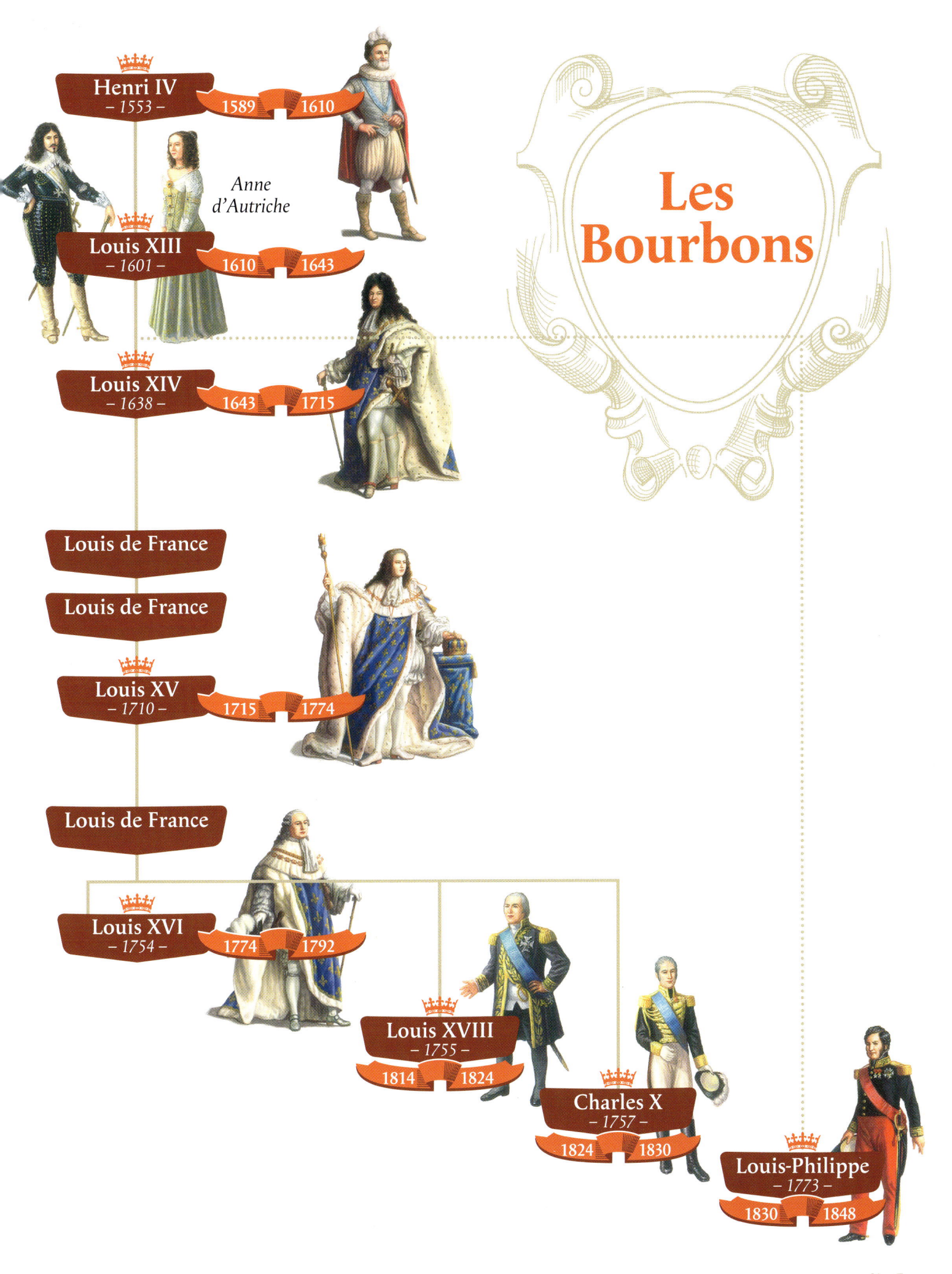

Les Bourbons

- **Henri IV** – 1553 – | 1589 – 1610
- **Louis XIII** – 1601 – | 1610 – 1643 — Anne d'Autriche
- **Louis XIV** – 1638 – | 1643 – 1715
- Louis de France
- Louis de France
- **Louis XV** – 1710 – | 1715 – 1774
- Louis de France
- **Louis XVI** – 1754 – | 1774 – 1792
- **Louis XVIII** – 1755 – | 1814 – 1824
- **Charles X** – 1757 – | 1824 – 1830
- **Louis-Philippe** – 1773 – | 1830 – 1848

Conception graphique et réalisation
Nathalie Dudek

Couverture
Emmanuelle Étienne, Nathalie Dudek

Pages de garde
Emmanuelle Étienne

Pages intérieures
Neil Wilson pages 10, 11, 13, 14, 15, 17, 24, 26, 28, 30, 31, 38, 39, 45, 48, 49, 53, 56, 57, 59, 66, 71, 76, 79, 92, 94, 99, 102, 108, 120, 121, 127

Jean-Noël Rochut pages 9, 18, 19, 20, 21, 22, 23, 25, 26, 27, 29, 32, 33, 34, 36, 40, 41, 42, 43, 46, 47, 50, 51, 54, 55, 58, 60, 61, 62, 63, 64, 65, 66 (vignette), 68, 69, 72, 73, 74, 75, 80, 81, 82, 85 (vignette), 86, 88, 89, 90, 95, 96, 97, 100, 106, 107, 108, 109, 119, 123, 125, 128, 129

Emmanuelle Étienne pages 37, 70, 91, 98, 99, 103, 124, 131-135

Orpheus Books page 11

Aisa / leemage page 77

Leemage page 86

Impression

© La Librairie des Écoles, 2011

La Librairie des Écoles

26, rue Vercingétorix 75014 Paris

ISBN : 978-2-916788-37-1

Achevé d'imprimer en Septembre 2011 par Bona Spa - N° éditeur 2011_1962

Catherine de Médicis
1519-1589

François II
1544-1560

Charles IX
1550-1574

Henri III
1551-1589

Louis XIV
1638-1715

Duc d'Orléans
1674-1723

Louis XV
1710-1774

Louis XVIII
1755-1824

Charles X
1757-1836

Louis-Philippe
1773-1850

Napoléon III
1808-1873

Émile Combes
1835-1921

René Viviani
1863-1925

Georges Clémenceau
1841-1929

Raymond Poincaré
1860-1934